从助理到合伙人

青年律师业务进阶指南

刘帅 ● 著

经济日报出版社
北京

图书在版编目（CIP）数据

从助理到合伙人：青年律师业务进阶指南 / 刘帅著.
北京：经济日报出版社，2025.2.
ISBN 978-7-5196-1543-7

Ⅰ．D926.5-62

中国国家版本馆CIP数据核字第2024EQ2556号

从助理到合伙人——青年律师业务进阶指南
CONG ZHULI DAO HEHUOREN——QINGNIAN LÜSHI YEWU JINJIE ZHINAN

刘　帅　著

出版发行：经济日报出版社
地　　址：北京市西城区白纸坊东街2号院6号楼
邮　　编：100054
经　　销：全国各地新华书店
印　　刷：文畅阁印刷有限公司
开　　本：880mm×1230mm　1/32
印　　张：9
字　　数：190千字
版　　次：2025年2月第1版
印　　次：2025年2月第1次
定　　价：68.00元

本社网址：www.edpbook.com.cn，微信公众号：经济日报出版社
请选用正版图书，采购、销售盗版图书属违法行为
版权专有，盗版必究。本社法律顾问：北京天驰君泰律师事务所，张杰律师
举报信箱：zhangjie@tiantailaw.com　举报电话：(010) 63567684
本书如有印装质量问题，由我社事业发展中心负责调换，联系电话：(010) 63538621

序言

因为山在那里

宋 韬

多年以后，每当回想起 2014 年的那个夏天，总会不由感慨，当时种下的许多种子，如今都开出了温暖的花。

十年之前，蓟门桥边，小月河畔，一群二十岁上下的年轻人，总会在盛夏的清晨，行色匆匆，穿梭于小白楼的光影之间，寻觅空座位，备战司法考试。

那是一段苦行僧般的日子，每个人身上的标配，都是一个大背包、一个水杯，手里还抱着一摞书。每天的路线，也是宿舍、教室、食堂三点一线。到后来，随着暑期来临，学校规定了几个固定自习室，免去了占座的烦琐，大家的座位也渐渐固定了下来，彼此的面孔也就"熟悉"了起来。但也只是看着眼熟、从没说过话、路上点头示意的陌生人。

我和刘帅律师，就是这样相识的。当年，我们同在 113 教室自习，他在东北角、我在西北角。当正午的阳光洒在两个青年的发梢，他们断然无法预知，此刻开始的友谊，将贯穿他们的一生。

2024 年年初，刘帅律师和我说，他拟出版一本关于青年律师成长的书,希望我来作序。我盯着这行字足足看了几分钟,仍然不敢相信眼前所见。一是不相信刘帅律师出了一本书,印象中,他几乎天天都在出差、会见、开庭的路上,哪有时间写书?二是不相信他请我来作序,按理说,青年法律人出书,一般都要请业内知名前辈来为自己背书、加持,以增加著作的含金量。邀请同辈人作序,纯属不按常理出牌。

但转念一想,也不失为一个独特视角。回望这十年,我完整见证了刘帅律师一路走来,从律师助理到律所合伙人的痛苦与挣扎、奋斗与艰辛、热爱与坚持。正好借这个机会,一诉衷肠。

通读本书,大致可以分为三个部分:成长感悟、实务技能、行业思考。刘帅律师以他自身的成长经历为脉络,细致勾勒出了青年律师从初入职场到成为合伙人的进阶之路。可以说,这不仅是一本业务指南,更是一部充满智慧与感悟的职业成长手册。

在这本书中,你将读到的,不仅是冷冰冰的法律条文和案例分析,更是一位资深律师对后辈的谆谆教诲和殷切期望。作者以自己的亲身经历为例,分享了如何在职场中保持初心、如何面对和解决实际工作中的困难、如何在激烈的竞争中脱颖而出。这些心得对于青年律师来说,无疑是宝贵的第一手资料。

在阅读第一部分文字时,我感触颇多,思绪总会不自觉地被拉回过去。彼时,站在人生的十字路口,每个人的心中,都充满困惑。宿舍里,每一次彻夜长谈的"卧谈会"上,都在讨论着回老家发展还是留在北京?如果留京,进公检法拿户口,还是进律所挣高薪？如果进律所，选择综合性大所还是精品化小所？找一个好的专业领域重要，还是找一个好师傅重要？如果选择了这个专业领域，以后发展空间会不会受限？

当时的我们，困顿迷茫，痛苦煎熬，在这样的反复纠结后，做出了当下相对理性的选择。但是，与我们不同的是，刘帅律师坚定地选择了律师行业。

这十年来，跟随着刘帅律师的朋友圈，我几乎走遍了中国绝大多数省份的看守所、法院，在每一个田间地头、每一个犄角旮旯里，感受着中国法治的脉搏。而从那些朋友圈文字中，时而感受到他对胜诉的喜悦，时而感受到他对一些司法现状的无奈，更多的时候，是对律师职业的坚定。

我相信，每一位青年法律人，都是从青涩走向成熟，由最初阶段的迷茫、摸索，走向成熟阶段的坚定、自信。

十年的时间，将刘帅锤炼成了一位敏锐、严谨、果敢、沉着、进取的律师，而这，无疑是一位优秀诉讼律师的必备品质。

蓦然回首，才发现，曾经的纠结不已，都不过是轻描淡写。唯有把握大好时光，坚定地选择，才能体验一种没有遗憾的人生。

本书第二部分，刘帅律师谈到了青年律师应该具备的职业技能。说起职业技能，我们需要回顾中国律师制度的发展。

清末修律，引进了包括律师制度在内的司法制度，但清朝旋即灭亡；辛亥革命后，南京临时政府起草《律师法草案》，但仅存四个月，就被袁世凯篡权；1912年9月16日，北洋政府颁布《律师暂行条例》，标志着我国正式建立律师制度，但因外忧内患，法律秩序及律师制度被严重践踏而难以正常发展。

1949年，中华人民共和国成立后，之前的律师制度连同国民党旧法一道被废除；1954年，开始重建律师制度；1957年，反右斗争开始，在"律师替坏人说话"的声讨中，律师制度又被取消；1979年，再度恢复重建律师制度。

由此可见，我国律师制度的出现至今只有一百年，而在此一百年中，律师制度得以持续稳定发展的时间，又只有自1979年至今的45年。

我国律师制度的历史如此短暂且多次中断，与西方国家律师制度发展的漫长历史相比，我国的律师制度实际上还处于初创阶段，没有前人的成熟经验，更没有丰厚的历史积淀。

过去，由于对法律人的职业培训重视不够，关于律师行业的培训很少。老一代律师们，没有系统培训过，都是"摸着石头过河"，各有各的一套。同时，由于律师的独立性比较强，有的律师把自己的经验视若珍宝，独家收藏，概不外传。律界前辈田文昌老师曾直言不讳地指出，"仅有的少数培训，又过于强调锦上添花、短期拔高，忽视了雪中送炭，忽视了青年法律人最需要的基础培训，导致的结果，就是律师行业没有传承"。在这种状况下，每一位律师都是从零开始，自我摸索，非常不利于青年律师的业务成长。

因此，在青年法律人的成长过程中，理论知识的深化与更新固然重要，而职业技能的提高则更加重要，因为我们没有前人的经验可循，需要长时间的大量经验积累，这是每一位青年法律人必经的过程。而这一点，正是我国律师界所面临的重大难题。

本书第三部分,是对律师行业的思考。对青年法律人而言,在提升理论水平和职业技能的同时,形成正确的职业价值观,树立正确的法治理念,是非常重要的。

说起律师,社会上有人认为,"为坏人辩护就是坏人的帮凶""律师恪守职业道德就会违背社会公德"。他们将律师职业的表现形式与其本质作用对立起来,甚至将律师这种职业群体与公平、正义对立起来,视为社会的异己力量。也有人认为,应该将律师看作承载正义的使者,维护人间正义的天使。

律师究竟是什么?很多青年律师因为这种社会评价而困惑、苦闷。

其实,律师既不是天使,也不是魔鬼;律师既不代表正义,也不代表邪恶,他们只是通过参与司法活动的整体过程,来维护正义、追求正义、实现正义。

换言之,法治社会的律师,应该是公民私权利的忠实代表,是社会理性不同声音的忠实代表,是以私权利制约公权力的忠实代表。所谓为"异端"辩护、替"坏人"说好话、维护一个个当事人的权利,都是在守护法律的底线与民众的权利。

厘清律师是什么后,我们再来谈谈:什么是精英律师?

我想,大家的第一反应,可能是电视剧中西装革履、舌战法庭的精英人士,但我想说的是,刘帅不属于这种人。

他的日常,不是穿梭于CBD,言必称港股美股IPO,而是奔波于大街小巷,为被欺骗的工人讨回全家赖以生存的微薄工资、为引车卖浆的弱势群体据理力争。每一次相聚,他都会突然离席接听电话，毫无疑问，在他心里，当事人永远排在第一位。

如果说，我们要对精英律师下个定义，我认为，谁能服务更多的人，谁能一尺一寸地推动中国法治的进步，那么，谁就是新时代的精英律师，谁就是人民的律师。

有人问一位登山家为什么要去登山，他回答道："因为山在那里。"我喜欢这个答案，因为里面包含着幽默感。

如果你问刘帅为什么选择律师职业，答案就在这本书里。

目 录

一、避雷指南之如何选择律师事务所 …………………… 1

二、于无声处努力，熬过"漫长"的实习期 …………… 10

三、青年律师开拓案源、维护客户的技巧 ……………… 21

四、像对待家人一样，接待你的当事人 ………………… 26

五、带上解决方案，向你的当事人提供法律咨询 ……… 31

六、法律法规、案例检索速成指引 ……………………… 36

七、逐条教你起草完美的合同 …………………………… 43

八、"手把手"教你审查、修改合同 …………………… 52

九、刑事案件代理精细化指引 …………………………… 62

十、民商事案件代理全流程指引 ………………………… 144

十一、商事仲裁案件代理全流程指引 …………………… 200

十二、劳动仲裁案件代理全流程指引 …………………… 215

十三、被青年律师轻视的强制执行案件 ………………… 226

十四、如何规避和防范律师执业风险 …………………… 235

十五、青年律师应具备哪些能力 ………………………… 240

十六、律师的未来会怎样 ………………………………… 246

附录：律师常用法律文书汇编 …………………………… 251

后　记 ……………………………………………………… 273

一、避雷指南之如何选择律师事务所

对于法律专业的毕业生来说，可供选择的职业并不是很多。很多人选择通过公务员考试后进入公检法系统，一些人选择了相对轻松、薪资待遇还不错的公司法务，也有一些人或是因为没得选、或是因为热爱而选择了律师这个看似光鲜的职业。毕业那年，我没考上公务员，大多数人走的路已经被堵上了，而公司法务也不太适合当时的自己。我就是在这种情况下，当了一名律师，而且是诉讼律师。写这篇文章时，我在律师行业摸爬滚打已近十年，回头来看，我不后悔。

诉讼律师、非诉律师，自己喜欢就好。大四或研三的律所实习尤为重要，没有律所的实习经验，可能无法找出自己的兴趣所在。否则，在诉讼律师、非诉律师之间选择时，就会走不少弯路。无论是诉讼转非诉，还是非诉转诉讼，我们都需要付出时间以及专业成长停滞的巨大代价。传统的诉讼律师即争议解决律师，出入各级法院及看守所"打官司"，诉讼律师的客户多以个人、中小公司为主，工作内容为法律咨询、起诉、出庭应诉、为嫌疑人辩护、证据调查等。非诉律师，专攻私募、IPO、债券、证券等业务领域，平时出入高端酒店和大型公司，非诉律师的客户多为大型企业、金融机构，工作内容多为起草尽职调查、法律意见书等，与资本市场绑定。两者的以上对比，虽然比较片面，但是基本可以说明诉讼律师和非诉律师的差别了。非诉律师压力大，前期工资待遇明显高于诉讼律师，但可替代性强。诉讼律师，前期工资待遇较非诉律师要低，但可替代性比较弱，没有一个合伙人在花了两年时间培养一个"有本"律师后再重新招一个"无证"助理。但无论如何，一定要做自己喜欢的事，诉讼律师也好，非诉律师也罢，只要自己喜欢，都无可厚非。在自己选择的领域，埋头苦干、沉淀几年，君可见花开。

在选定了职业方向后，就要慎重选择一家律师事务所了。如何选择一家适合自己的律师事务所呢？

第一，看律所的业务范围。律师不仅分诉讼律师和非诉律师。随着越来越细化的分工，有的律师可能会专门从事某一个方向，比如刑事辩护中的职务犯罪领域、离婚诉讼、拆迁与征地补偿、民商事争议解决、商事仲裁、知识产权、劳动仲裁、私募基金、IPO 等。当然也有律师什么业务都做，俗称"万金油"律师。囿于业务范围的局限，非诉律师往往更容易、更快达到专业化。而诉讼律师，想向着一个方向不断深耕需要有足够好的运气来选对律所和合伙人。诉讼律师在成长阶段应当以"万金油"为主，先"博"而后"专"，只有各种类型的案件都办理过之后，方可在专业领域的深耕中游刃有余。做"万金油"律师，还有一个不可回避的原因，就是律师助理往往没有稳定的"案源"。如果在自己没有任何积累的时候，决定从事某单一领域，恐怕食不果腹者居多。律师助理，要先靠大众化的案件"活下来"，而后再谋求个人的专业化发展。

第二，看合伙人。合伙人的业务范围和案件量，决定了律师助理的工作内容和发展方向。很多时候与其说实习律师是在选择一家律师事务所，还不如说是在选择一个合伙人。一般来说，合伙人招聘的律师助理，在未来两年甚至更久的时间内都是由一个合伙人来带，类似"师傅带徒弟"的"传帮带"模式。这种"传帮带"模式具有很强的人身依附性，即合伙人的业务范围决定了律师助理办理案件的类型。因此，律师助理在选择律所时，不得不考虑"师傅"的业务范围。如果律师助理一心想做刑事辩护，而合伙人的业务范围却是民商事诉讼或者拆迁，显然属于"不对口"。此时，建议求职的律师助理慎重考虑是否接受这份工作。另外，案件量是一个合伙人能力高低以及在某个领域是否专业的参照标准之一。大数据时代，裁判文书网、人民法院案例库、威科先行等网站均提供了查询端口。当律师助理需要验证面试自己的合伙人是否在某一个领域特别专业时，登录类似网站，稍做检索即可大致检索出该合伙人办理过的案件量。如果一个口口声声说自己是在刑事辩护领域深耕十年以上的老律师，网上却查不到几个案例，那求职者就需要慎重选择了。当然，合伙人办理的案件量只是一个参照标准，并非唯一标准，不排除个别"大咖"律师仅深耕于幕后、不直接出庭这种情形。

第三，看薪资待遇。开不了高工资的律所，不是好律所；只谈情怀，不谈钱的老板，不是好老板。相信很多求职者都遇到过老板给自己讲"理想""情怀"的时候，满怀抱负的职场菜鸟甚至会听出一种惺惺相惜之感。但是律所仅靠"情怀""理想"是留不住年轻人的。薪资待遇过低以及未来无上升空间，导致无数的律师助理在拿到律师执业证后选择辞职、换律所。因此，选择一个律所，不仅要听凭"情怀"，也要看薪资待遇的高低。

第四，看律所规模。规模越大的律所，晋升制度、薪酬制度等越完善和正规。而中小律所，有时候类似于"小作坊"或"家族企业"，薪资待遇、晋升及培养模式等全看合伙人个人的偏好。中小律所在发展时期，往往考虑的是全部人员"勒紧裤腰带"与合伙人一起向前冲，合伙人拿助理当"兄弟"，"兄弟"自然不能跟合伙人要求"涨工资"。不少律师助理不仅随时会挨骂，还可能因一丁点儿错误而被降工资、扣年终奖（如果有的话），这个时候，律师助理的实习生涯可能会比较憋屈。虽然薪酬制度、晋升制度不完善是中小律所的通病，但律师助理待遇的提升或者岗位的调整仍然应当基于律师助理的能力，而不是合伙人的偏好。规模大的律所，有着成熟的晋升机制和培养机制，对律师助理来说，可以公平地参与其中，可以清晰地看到自己的未来和发展空间，这对青年人来说，是一种鼓舞和激励。律所规模越大，合伙人之间、律师之间案件合作的机会就越多。对于年轻的律师助理来说，选择去大律所，可以获得接触更多不同种类案子的机会，不失为一个明智的选择。在中小律所，可能合伙人的案子都不够养活他自己，更谈不上和其他合伙人进行案件合作或案源共享。有时候委托人选择律所就像购物一样，能去"超市"的时候，大部分人不会选择去

"小卖部"。对于市场上的"散户"来说，他们没有很多途径了解律师真实的业务水平，这时的判断标准就会十分简单粗暴——即看律所规模的大小。对于年轻的律师助理来说，就职于规模越大的律所，越容易取得客户的信任以及收取相对较高的律师代理费。不过，在注重人情的社会里，人与人之间的信任除了办公场所的强化外，还有朋友的背书和介绍。所以在中小律所的年轻助理们，也不必灰心气馁，朋友、家人的背书也是律师助理获得客户信任的一种途径。不过这一切都是辅助工具，最根本的还是律师自己的业务能力、谈案能力。同时有效利用各类社交平台，例如朋友圈来宣传自己也不失为一种很好的获取案源的方法。

第五，看律师助理的培养模式以及成长空间。在面试的时候，HR经常会问求职者对律所有什么想了解的，求职者往往没有把握住这个提问的机会。其实，求职的时候可以问问律所助理的培养模式。比如某律师事务所的律师助理分级制即"九年义务教育"——三年案件秘书、三年辅庭律师、三年出庭律师。这种模式其实贯彻以及发扬了前面提到的"师徒制"，但有些成功往往是不可以复制的，更是不能模仿的。中小律所的律师助理，如果需要熬九年才能出师，显然不切实际。一般来说，律师助理在拿到执业证前后，已经开始在酝酿独立了。有的律所会通过给每个案件配备一位合伙人和一名律师助理的方式来培养新人，这种模式可以有效避免律师助理因经验不足而可能引发的案件风险，值得推广。但弊端是利益分配问题，如果案源来自律所，分配一部分提成给合伙人无可厚非；如果案源来自律师助理，在律所只给助理提成30%的情况下，律师助理还要分一杯羹给辅助办案的合伙人。每个助理通常都是抱着学习的心态来到律所实习或工作，但是带助理的合伙人并不一定都会全心全意地教律师助理。好的律所助理培养模式像江南七怪、洪七公等人带郭靖，比较差的培养模式却类似赵志敬带杨过，现实中往往后者情况居多。基本上各个律所都有自己的培养模式，或圈养，或放养，或放在助理池子里养。律师助理在求职和面试的时候还是要了解清楚培养模式。关于律师助理的成长空间，当然是越大越好、越晚遇到天花板越好。笔者认为，律师助理的成长空间外因在律所以及合伙人，而内因在律师助理个人。我们都希望自己有好的机遇，遇到一个负责、专业的老板来帮助自己提升，但是如果没有遇到，大可不必抱怨，因为能者可以自救。律所助理可以通过学习专业的书籍和课程提高自己，也可以通过代理案件以及从对手律师那里吸取经验，还可以从裁判文书中汲取养分，甚至在老板的各种要求中磨炼自己的耐心和意志。也许"强者从不抱怨环境"这句话对于律师助理来说不是一句心灵鸡汤，而是正在走上或必将走上的道路。

第六，看律所是否允许律师助理接案以及给予提成比例。律师助理，尤其是实习律师，往往没有案件决定权以及议价权。选择律所的时候，需要看律所是否允许律所助理独立接案以及给予接案的提成比例。律师助理在实习期内不能独立办案，这导致自己谈下来的案件仍需要合伙人办理或交由其他律师办理（与其他律师合作）。有些律所或为了减少麻烦，或嫌案件标的太小，可能会不让律师助理接案。长期来说，这不利于律师助理培养自己的客户，甚至会流失很多客户。即使这些案件标的并不大，但每个案件都是一次学习的机会，也是律师助理积攒客户和人脉的机会。有的律所允许律师助理接案，但是可能会交给律所其他同事办理，且不支付律师助理任何费用。这种模式对律师助理接案的积极性无疑是一种沉重的打击，律师助理可能再也不愿意给律所介绍案件，甚至把案件介绍给别的律所。以上两种模式，在规模较大的律所比较常见，因为大律所的合伙人可能不在乎律师费只有两三万元的小案件。这时候，中小律所的优势就体现出来了，中小律所因为缺乏案源，往往允许律师助理接案，甚至鼓励律师助理自己出去开拓案源，并且会给律师助理一些奖励。律师助理自己案源的提成比例大致在 10%~60%，实习期可能在 10%~30%。即便如此，并不妨碍律师助理们开拓案源的热情。

第七，合伙人的人品、口碑。无论是面试，还是在律所的公众场合，我们都无法全面了解合伙人的人品以及口碑。虽然合伙人的人品和口碑不会对律师助理的业务能力造成直接或实质影响，但是遇到人品差、口碑坏的合伙人也确实会影响我们工作时的情绪。律师这个圈子很小，稍微打听一下，大概就可以了解面试自己的合伙人的人品和口碑了。在面试前后，一定要对自己和自己的未来负责，"尽职调查"一下自己未来的老板，比如专业程度、案件量以及人品和口碑。人品和口碑好的合伙人，相对比较谦逊和低调。日久见人心，通过实习，律师助理大致可以看出合伙人人品的优劣以及得知其口碑的好坏。

因此，合伙人的人品和口碑，可以作为选择律所的一项参考指标。我们要时刻提防内心深处的虚荣，须深知在公众场合误导别人的人，也容易误导自己。

第八，运气。能选择到比较好的律所和合伙人，很大一部分因素是靠运气。运气好的人，随便找个实习，就刚好遇到了一个好老板、一家好律所。运气差的人，面试了四五家律所，可能都遇不到一个心仪的合伙人。有人辞职的时候，从律所领到了经济补偿金，也有人辞职的时候，还要给律所交一笔培养费。不过，律师助理不要过于迷信，把一切都归咎于自己运气不好，然后自怨自艾。在顺境里要防止自我膨胀，在逆境中要学会自我成长。在逆境中还要调整好心态，积极正视律所、合伙人以及自身的不足，学会找差距、找缺点，方能剔除糟粕、汲取精华，增益己所不能，最终成就自我。随着自身的不断努力和提高，自然会有好运来。

如何选择一家律所，是一个很大的话题，希望通过本书能给读者带来一些启发。选择律所就是在选合伙人、选团队，而合伙人的业务范围、律师助理培养模式、待遇高低、合伙人的人品和口碑皆是参考因素。有人说，求职者没有选择的权利。笔者并不认同，求职其实是一个双向选择的过程，求职者在选择律所，律所也在选择求职者。律师是一个特殊的职业，律师助理在长达一年多的实习期里，放弃已苦熬过的那段实习期再重新选择律所的代价太大了，因此选择律所和合伙人时需要格外慎重，否则将付出时间甚至金钱的代价。如果在实习期内，律师助理选择离职，那么只能注销律师证后在新的律所重新办理实习证。关于大律所好还是小律所好的争论,一直没有停止过。无论是大律所,还是小律所,只要自己开心、有所成长就好。无论是大律所,还是小律所,应选择自己所爱的,爱自己所选择的。

二、于无声处努力，熬过"漫长"的实习期

刚入行的时候，实习律师可能会比较迷茫，甚至怀疑自己是否适合律师这个职业。同样是实习律师，同样是在律所，有的人忙，有的人闲。人类的悲欢并不相通，忙且赚钱的人，觉得前途一片光明；忙且穷和闲且穷的人，只觉得眼前一片漆黑。无论处于何种境遇，律师助理都须考虑如何度过"漫长"的实习期。

（一）及时办理实习律师证

入职律所后，首先要做的事情是签订劳动合同，尽快缴纳社会保险、办理居住证（有条件的同学，应当在学校办理）。其次是将个人档案调回所在地区指定的人才机构或者存档单位并开具存档证明。最后在前面两步完成后，就可以尽快申请期盼已久的实习律师证了。具体的申请程序和申请材料各地不尽相同，应当以当地司法局、律师协会的政策和要求为准。

初入律所，需要了解律所的规则，包括但不限于律所的规章制度、业务模式、办案模式、律师助理的培养方式、"带教师傅"以及其他合伙人的业务范围等。

二、于无声处努力，熬过"漫长"的实习期

（二）认真起草每一份法律文书

在助理刚入职的时候，合伙人一般只会交办一些简单的事务，比如写一写代理词、起诉状等。律师助理须认真对待每一份法律文书，这些看似简单的文书在日积月累的练习下也会成为自己日后执业生涯必需的养分。

可能有的律师助理会抱怨，师傅从来没有教过自己如何起草起诉状，也没有给过自己模板。其实，在法院的立案庭里，公布了很多文书模板，律师助理去法院送材料时可曾多看它们一眼？比如，北京市海淀区人民法院立案庭里滚动着各类起诉书的模板，详尽到事实与理由如何表述，这种优质的资源，可曾被律师助理珍而重之地对待？如果这还不够，律师助理在立案庭里，可曾注意过申请强制执行或其他案件需要提交哪些资料？也许你会说自己刚刚实习还不曾前往立案庭开展立案工作，但各地法院官网上，抑或是通过检索一些法律公众号，都可以找到合适的法律文书模板。所以不要甩锅给师傅，说师傅什么都没教自己，自己也不知道去哪里找。一份好的法律文书，就是青年律师自己的"名片"。青年律师可以通过案例检索、法院立案庭查询、网上查询等多种方式收集并学为己用。

举这个例子，并不是想教律师助理如何起草起诉状，而是提供一个思路，让律师助理的思路更开阔一些。代理词、答辩状、辩护词，都可以通过类似的方式去收集、起草。即便有些法律文书并不是自己当下案件所需要的，律师助理看到了也可以收集起来，总有用到的那一天。通过一年甚至多年的积累，有一天你会发现,自己已经建成了一个法律文书检索数据库。借着互联网的风,很多法律数据库悄然兴起,律师助理要习惯用这些数据库。例如:威科先行,给律师们提供了迅速快捷的查询方式。法天使,给律师们提供了很多合同模板,虽然有些合同模板无法直接使用,但是至少通用条款给自己节约了不少敲字的时间。

(三)认真准备律协考核的十个案件,争取一次通过执业考核

根据北京市律师协会的要求,实习期内,诉讼方向和非诉方向的律师助理,都要提交十个自己参与的案子或项目供律协考核。因此,在为期一年的实习里,准备自己参与过的十个考核案件,就格外重要。

诉讼方向的律师助理,无须为案件数量担忧。即使你的老板一年不怎么代理案件,他也会安排律所其他律师为你挂上几个案子。律师助理要做的是,认真准备每一个案件,争取每一个案件都参与其中。如果可以每个案子都挂名,那最好不过了;如果遇到个别委托人不同意给律师助理挂名,那么律师助理要留存和带教师傅、客户沟通案件的办案记录、邮件、微信聊天等,这些"证据"在整理卷宗时一并提交律协考核,即可证明律师助理参与了相关案件。

但诉讼方向的律师助理,仍需要为参与案件的质量担忧。一般来说,师傅办理案件的种类,决定了律师助理办理案件的类型。刑事辩护律师,提供十个考核案件,可能是十个涉嫌不

二、于无声处努力，熬过"漫长"的实习期

同罪名的案件。"万金油"律师，提供十个考核案件，可能涉及不同领域，比如离婚纠纷、建设工程施工合同纠纷、民间借贷纠纷、合同纠纷、刑事辩护。尽量不要提交十个同类型的案件，比如十个民间借贷案件，或十个合同诈骗案，否则很可能会导致考核老师认为律师助理实习期内参与案件的范围过窄而毙掉你的面试考核。

在极端的情况下，个别律师助理可能真的凑不齐十个案件。这也不必过虑，律师协会没有要求十个案件都必须是诉讼案件。因此，律师助理为顾问公司改的每个合同都可能成为案件考核的材料。如果顾问公司一年也改不了几个合同，律师助理可以根据合同修改的版本和进度将其整理在考核卷宗中，比如顾问公司发至的原始合同版本、带有修改痕迹版本的合同、最终签订版本的合同，如此一来，自己的卷宗自然就"厚"了起来。

为了增加考核案件的"厚"度，律师助理应尽可能全面地收集参与案件的相关文件。根据笔者的经验，最好按照办理案件的时间顺序整理卷宗，这样既逻辑清晰，也不容易出错。律师助理参与一个案件，应当收集哪些文件呢？以一份离婚纠纷案的卷宗目录为例：

刘某某与徐某某离婚纠纷案卷宗目录

序号	文件名称	备注及说明	页码
1	代理合同及发票	原件/复印件	1-4
2	授权委托书及身份材料	原件/复印件	5-6
3	律师事务所所函、律师证复印件	复印件	7-9

续 表

序号	文件名称	备注及说明	页码
4	起诉状	原件/复印件	10
5	开庭传票及其他法律文书	复印件	11
6	答辩状	原件/复印件	12
7	原告证据	复印件	13
8	原告证据的质证意见	原件/复印件	14
9	被告证据	复印件	15
10	被告证据的质证意见	原件/复印件	16
11	代理词	原件/复印件	17
12	其他文件和资料	复印件	18
13	一审/二审判决书	复印件	19
14	办案记录	原件	20
15	办案小结	原件	21

本卷宗共计_____页，含原件_____份，复印件_____份，录音光盘_____份。

立卷人：
年　月　日

在整理卷宗的过程中，并不是每一个案件都必须严格按照这个目录来强行收集文件资料。律师助理要做到可以收集的文件资料，尽可能全面地收集即可。律师助理一定要谨记，不能收取委托人的证据原件，我们无法承担丢失证据原件的后果。在简单的案件中，律师可能不写答辩状或代理词，那么律师助理在证据目录中删除该条目即可。在有的案件中，律师可能申

二、于无声处努力，熬过"漫长"的实习期

请了管辖权异议，相关的申请书及裁定等按照开庭的时间顺序排列即可。在代理案件中，委托人可能还提交了其他与案件助益不大的材料，律师助理可以将这些材料放在"其他文件和资料"中。"办案记录"条目是律师助理参与案件最直接的证据，也可能是面试老师考核的重点；如果裁判文书中有律师助理的名字，自然不证自明；在没有律师助理名字的案件中，如果律师助理的确做了很多工作，那么就将自己准备的案件记录表、微信聊天记录或邮件沟通截图放在卷宗的这一条目。律师助理在参与案件的过程中，一定有所收获，可以将办案心得体会整理成文字记录在"办案小结"条目。一套逻辑清晰的卷宗，可以给阅卷人提供很多有效的信息。律师助理一定不要小瞧了订卷工作，这可是伴随自己整个律师职业生涯的必备技能之一。

为了增加考核案件的"深"度，律师助理应当尽可能全面地了解参与案件的内容。面试考核的时候，律师助理不可能知道考官会问哪些问题，此刻律师助理能做的就是全面了解自己参与案件的内容。在民事案件中，不仅要掌握程序方面的内容，更要了解事实及法律适用的问题：比如代理案件涉及的管辖权问题、举证期限问题、证据规定、合议庭组成、上诉期限、哪些问题适用裁定、哪些问题适用判决、人民法院调解书的效力及救济等；在案件事实与法律方面，要清楚地知道双方陈述的案件事实、哪些事实有证据支持、哪些事实没有证据支持、法院查明的具体事实、法院采信的证据以及法院说理即"本院认为"部分理由是否充分、案件适用法律是否错误等。

为了增加考核案件的"广"度，律师助理应当全面学习与

15

考核相关的法律、法规。面试老师可能不仅会提问与案件直接相关的问题，还可能会考察实习律师是否掌握《中华人民共和国律师法》《律师职业道德和执业纪律规范》以及律师协会发布的订卷规定等。鉴于此，律师助理应当熟悉以上规定，尤其是《中华人民共和国律师法》中的禁止性规定。比如，北京市律师协会组织的实习律师面试考核最为严格，实习律师须认真准备，否则可能会导致由于面试不通过而延长实习期等问题。一般在每届的律师培训中，优秀的实习律师们会分享一些面试攻略与宝典，这些"宝典"是实习律师拓宽知识面"广"度的捷径，永远不要忽视这些"宝典"。

为了增加考核案件的"信"度，律师助理应当自信、自然、虚心地回答面试考官的问题。第一印象的作用往往至关重要，所以在面试考核当天，律师助理应当身着正装，这样会给考官留下良好的印象。在回答考官问题的时候，一定要自信，因为没有人愿意把案件委托给一个不自信的律师。律师的自信，体现在很多方面，比如，语速慢条斯理、声音洪亮、举止大方、衣着得体等。很多时候，人们有一种错误的认识，会觉得说话快的律师才是好律师。其实不然，越优秀的律师往往说话都越慢，因为他们需要让法官听明白、听清楚，并且听进去自己要表达的是什么。因此，无论什么场合，律师助理一定要学会控制自己的语速，语速适中是专业自信的表现之一。

在一年的实习期内，律师助理还有一项重要的任务即写实习日记，通过实习日记的形式记录自己一年来的点点滴滴。笔者建议律师助理每天都写日记，将每天办理的案件、处理的事务以及学习到的新知识详细地记录下来,只有这样才能让考官相信在实习期内实习律师没有虚度光阴。有的律师助理会说,每天都那么忙,哪有时间写日记?因此,他们会选择在临近考核的一两个月恶补实习日记。这种"临时抱佛脚"式的实习日记违背了律师协会要求律师助理写实习日记的初衷,不值得提倡。律师助理一定要养成平时写日记的习惯,把考核的任务分解到每一天,否则在实习期最后一两个月内不可能保质保量地完成300多页的实习日记以及准备十份考核卷宗。无论何时,律师助理不要抵触与实习相关的内容,因为律协考核只是手段,培养和丰富实习律师的办案经验才是真正的目的。

(四)珍惜一个月或一个星期的律协培训,珍惜重回课堂的美好时光

在北京工作的实习律师,相对是比较幸福的。因为律师协会会给实习律师们提供一个月的课程培训,更为重要的是这一个月的课程必须参加,你的老板不得拒绝。在其他地方实习的小伙伴,可能只有一个星期的培训。无论是一个月的培训,还是一个星期的培训,小伙伴们都要格外珍惜。

律协培训的内容相当广泛,帮助实习律师们完成身份的转变,从学生到律师,从课堂到法庭,从理论到实务……律协的培训课,质量相当高,授课老师多为经验丰富的大学教授、律师、检察官、法官等。实习律师们在上课的同时,也可以稍稍"偷懒"——用实习日记本来做课堂笔记。

（五）实习期需要养成的习惯

1. 学习和读书

持续学习是一种良好的习惯。跟着师傅参与案件，是在学习办案的经验。除此之外，实习律师乃至执业律师需要学习的东西还有很多。学习不是简单的在朋友圈转发新出的司法解释或专业文章，而是要深度学习、博学。

深度学习最简单的方式是阅读专业书籍和大量的裁判文书。试着一周读完一本专著或者半年读完一个系列的专业书籍，试着每天睡觉前读一篇优秀的判决书（比如最高院指导案例），长期、大量的阅读可以快速提高实习律师的专业能力。市场上同时也有很多技能课程，这类课程十分受实习律师的青睐。技能类课程的优点是及时向青年律师分享办案技巧和经验，缺点是内容不系统、不全面。律师是一个对专业能力要求很高的职业，如果只有技巧，没有扎实的专业能力，或许能赚到钱，但不会长久。

工作之余若仍有余力的话，除了阅读专业书籍外，青年律师还应当博学，去了解法律专业之外的知识，比如历史书籍、名人传记、科技产品等。青年律师不应当局限于某一个领域，应当在全面接触、了解不同类型的案件后合理规划自己的执业方向。因为局限于单一领域会让青年律师的成长空间变得很狭窄。生存是第一要义，单一领域的案源并不好获得，局限于某一个专业领域可能会导致青年律师收入不高。只有在基本生活有了保障之后，方可考虑选择专攻某一个方向。单就我做私人法律顾问的经验来看，雇主面临的纠纷涉及公司治理、股权架构、劳动争议、婚姻纠纷、高管的刑事责任等。中小企业雇主需要的是一个全能型律师，而不是单一业务能力型律师。

2. 写作

我们的职业对写作能力要求很高，不仅要会写起诉状、答辩状、代理词、辩护词、报案材料，而且要写得好、写准确。缺乏写作能力，就不可能完成一篇优秀的法律文书。写作是专业知识的二次输出，青年律师通过阅读有了一定积累之后，可以考虑动笔写一些专业文章。文章的内容和题材都不要局限，旨在先行动起来。笔者曾经开通过一个公众号，写了两年文章，读者寥寥，但是这两年的写作让我不再惧怕写文书、写文章，让我积累了一定的写作经验。不要期待写作能给我们带来很多流量以及客户，而是要看重长期写作带给我们能力上的提升。但需要强调的是，写作仍然要有目的、不能盲目，比如文章是给法律专业人士看的还是给非法律专业人士读的，这两个方面对写作的要求并不相同。有的同行平时案源不多，但勤于写作，最后整理成书，也收获不少。

3. 锻炼身体

在校园期间，学校请的都是光鲜亮丽、知名大所的高级合伙人给学生分享职业经验，这些人通常选择性输出，闭口不提这个行业光鲜亮丽背后的辛酸，某种程度上对学生是一种误导，让学生产生了毕业后不久就可以成为合伙人以及年薪百万的错觉。而真正的诉讼律师，通常穿着西服和沾满灰尘的皮鞋，背着一个书包,以"特种兵"的方式奔波于看守所、检察院、法院以及高铁站、飞机场。很多时候,顾不上吃早饭,也顾不上吃午饭,晚上加班到深夜。长此以往,拖垮的是身体,留下的是疲惫不堪的精神。很多青年律师很早就患上了颈椎病、腰椎间盘突出等疾病。建议青年律师一定要加强锻炼,跑步、打球,抑或是工作之余多站起来眺望一下那个看似触手可及的未来。

我们都在同一起跑线上,有人能直冲云霄,差距到底在哪里?改变思维,不仅仅是改变位置。以委托人为中心,关心每一个具体的人。客户不是因为助理年轻而质疑助理的能力,而是因为助理的不专业而质疑助理年轻。法律服务市场不相信眼泪,有能力才能让自己成为强者。

三、青年律师开拓案源、维护客户的技巧

巴菲特说，市场就像上帝一样，帮助那些自助的人；但和上帝不同之处在于，市场不会原谅那些不知道自己在干什么的人。其实，做律师就是在做市场，一个优秀的律师至少是半个优秀的销售。

案源，是律师赖以生存和发展的基石。相对于公司制律师，没有案源对独立执业的律师来说更加艰难。因此，如何获取案源，至关重要。读书的时候，对案源没有概念；工作之后，方知获客能力在专业能力之上，或者说获取案源的能力也是律师至关重要的能力之一。

案源，是律师承办案件的来源、途径。律师承办案件的来源因人而异、因律所而异。争议解决律师的案件来源，一般有律所分配、团队分配、律师个人、互联网平台推荐合作等途往。律所分配和团队分配案源一般存在于公司制律师事务所，在这种机制中，律师不需要为开拓案源而苦恼，等待律所分配即可。律所分配、团队分配的优点是律师可以集中精力提高专业能力，不用为案源发愁；缺点是限制了律师开拓市场的能力，收入上也受到一定的限制。律师个人的案源一般源于律师多年积累的人脉，如同学、朋友、家人、客户介绍、同行介绍、律所案件

合作等。青年律师多半没有名气，也缺乏一定资源，这时候，同学、朋友、客户推荐、家人推荐、律所案件合作等就成为获客的主要途径。有些律师则通过互联网平台获取客户，但这些客户大多数并不稳定、付费意愿也比较低，且律师需要向互联网平台缴纳一笔1万~5万元不等的推广服务费用，对于刚刚独立的律师来说成本比较高。通过法律咨询公司获取案源的时候需要特别谨慎，因为法律咨询公司不具备代理案件的合法资质，容易触发非法经营罪的刑事风险；通过法律咨询公司获取的案源，一定要通过律所和委托人直接签署委托代理合同，确认委托人付费到律所并开具发票，避免纠纷和风险。

关于律所分配、团队分配的案源途径不言自明，这里不再赘述。律所的案件合作通常有两种，一种是同一律所不同律师之间的案件合作，另一种是跨律所案件合作。同所律师之间的案件合作多存在于规模较大、律师人数较多的律所，在小律所执业的律师案件合作机会不是很多。因此，进入大所实习并工作是最基本的条件。在同一个律所长期实习和工作，才有机会认识更多的律师，律师之间才能增进了解和信任，之后才可能会有合作的机会。但并不是说只要在大律所工作就有机会同别的律师合作，能否促成合作与律师个人专业能力、品质、沟通协调能力等均有一定关联性。如今，随着案件的复杂程度越来越高，跨律所合作日益增多。这种案源的获取，就需要青年律师和其他律所的律师有良好的互信基础，比如通过参加律协培训和集体活动等互相熟知，逐渐建立业务联系。

律师个人拥有稳定的案源，会是律师在行业内长期发展的

三、青年律师开拓案源、维护客户的技巧

基石。无论律师换团队还是换律所执业,个人案源无疑是别人无法攫取的资源和能力。青年律师开拓个人稳定的案源十分艰难。无论是给公众号写文章、制作普法小视频、小红书上普法等,均是开拓案源的思路和途径。但要注意的是,自我营销和宣传不要违反职业相关规定。有的青年律师不愿意通过网络"抛头露面",那就可以经常去参加一些社会活动,通过聚会、聚餐等,让自己"走出去"。一定要用心经营自己的朋友圈,让更多人知道自己的职业是律师。在经营朋友圈时要避免一些雷区,基于律师职业的严谨性、理性等特点,朋友圈转发或评论时,尽量避免不理性、不严谨的表述,更不要出现情绪化的内容。没有人敢委托一个情绪化、不理性以及不严谨的律师来办理案件。朋友圈也不要设置三天可见、半年可见等。人们了解、判断一个陌生律师的方式之一就是通过微信朋友圈去了解这个律师的过往经历、达成的业绩成就等。如果我们设置了三天可见,虽然增加了神秘感,却拉远了与客户的距离。我们去法院、看守所工作的时候,尽量多打卡发朋友圈,青年人除了自我营销,没有更好的途径去宣传自己。这种宣传方式,最经济也最容易见成效。随着科技的进步、互联网的发展,微博、小红书、视频号等新兴媒介一定会继续更新迭代,青年律师不要排斥新事物,要紧跟时代的变化,利用科技为自己赋能。根据笔者的经验,不大建议青年律师跟风去做短视频,以大部分律师定位的业务方向来说,短视频都不会有太多助益。青年律师自我营销的途径还有很多,比如开办讲座、外出讲课、参加饭局等,不要轻易放过任何一个在公开场合宣传自己的机会,

一定要让自己从一个幕后工作者，走到台前去、走到舞台的中央去。

青年律师有了一定数量的客户后，如何维护客户，让客户长期成为己方的资源，也十分重要。尽心尽力办理每一个案件，是维护客户尤为重要的一环。如果接受委托后，办案稀里糊涂、不认真、不负责，不仅可能丧失客户，甚至会招致客户投诉。律师代理范围内的事项，全力以赴去办好。委托范围外的事项，比如简单的法律咨询，在不占用太多时间的情况下，尽力给客户提供好增值法律服务。青年律师只有付出比别人多，才有可能得到新客户的认可。这是一个长期积累的过程，漫长而艰辛。常年需要法律顾问类的客户，青年律师处理客户需求时，尽量及时、高效、准确，切忌拖延。我们的顾问类客户多从事商事行为，不可因律师拖延处理合同等导致客户无法按时交易或破坏了交易。

除了客户向律师发起需求外，青年律师也应该去全面了解客户的业务结构，及时关注与业务相关的市场行情变化和国家政策，及时发现问题。比如为餐饮类顾问客户提供法律服务时，在就餐顾客对商家的"反向抹零"行为投诉频发时，及时提醒顾问公司，避免不必要的投诉和处罚。

走访客户，也是维护客户关系不可或缺的一环。不少资深律师，不会去走访客户，通常是把客户约到律师事务所。但是对于青年律师而言，不妨多走访客户，让客户感受到青年人的诚意以及敬业精神，看到青年人的付出。这样不仅能加深双方的了解，还能加强彼此之间的信任，为以后长期合作奠定基础。

三、青年律师开拓案源、维护客户的技巧

开拓案源、维护客户，不仅是资深律师面临的问题，也是青年律师需要学习和掌握的重要课题。开拓案源、维护客户，贯穿律师的整个职业生涯。如果客户关系维护不当，很可能导致律师没有长期合作的客户，出现"做一单，死一单"的不良后果。每个律师都是独立的个体，都有自己的特质和渠道，在开拓案源、维护客户时，应当根据自身条件、所处的成长阶段等适时调整，不必按图索骥。

真诚，永远是"必杀技"。

四、像对待家人一样，接待你的当事人

接待当事人，贯穿律师代理案件的始终。接待当事人一般分为接案前接待、案件代理过程中接待、案件代理结束后接待。每个阶段接待当事人的内容和注意事项并不完全相同，青年律师会在接待当事人的过程中不断地试错和成长。

（一）接案前接待客户

在初步洽谈、咨询阶段，如何接待当事人、如何给当事人留下深刻的印象，直接关系到能否顺利签约委托代理合同。青年律师可能会遇到明明准备得很充分，但是客户依旧谈"飞"了的情况。青年律师会疑惑，是因为我们太年轻、对专业不熟悉，客户不认可，还是因为代理费报价太高超出了客户的预期？我个人的经验是，客户不认可一个律师，大多时候不是因为律师年轻，而是因为不专业。因此，接案前接待客户时，展现律师的专业性尤为重要。

首先，正式接待客户前，须全面、客观、详细地了解案件的基本事实，以便为我们的准备工作定好方向。我们的客户来源不同，导致有关案件的事实都是从中间人或介绍人那里得知的，这种方式获取的案件信息容易失真、不全面。在正式接待

四、像对待家人一样，接待你的当事人

前，需要和客户建立有效的沟通。通过电话或微信沟通，从当事人处获得第一手信息，这将是我们提供专业法律咨询的基础。

其次，通过沟通掌握了案件的基本事实后，我们须做大量的准备工作：梳理案件基本事实、法律法规汇编、政策查询、相关论文查询、案例查询、受诉法院裁判观点检索。只有通过全面的准备工作，才能在第一次接待客户时，给客户留下专业的印象。

再次，接待客户时，律师衣着须得体。律师以专业性示人，会给人以谨慎、理性的印象。谨慎、理性的外在表现之一就是衣着得体。试想一下，如果接待客户时，看到律师穿着拖鞋、不修边幅、胡子拉碴的样子，客户会作何感想？客户聘请的是律师，不是"大师"。在衣着方面，不一定要穿名贵西服，适合自己就好。接待客户时，穿西服、打领带是常规要求，当然，着装的色彩搭配等也要注意，切忌花里胡哨。有兴趣的小伙伴可以关注一些衣服搭配类的微信公众号或抖音视频号。

最后，正式接待时要充满自信。基于前面大量的准备工作，我们基本可以预判客户要咨询哪些问题。回答客户问题时，一定要条理清楚、逻辑清晰、语速适中、言简意赅并且充满自信。很多律师说话语速过快，反而给人一种"紧张"的感觉。接待客户时，可以给客户一个大致的预判，但要避免承诺案件结果。有人问，不承诺案件结果，是不是不自信？这种说法是不妥当的。不承诺案件结果，不是因为不自信，而是基于不能违反律师法的规定以及实践中每个法院的裁判尺度不一。我们不要去眼红那些因轻易开口承诺结果而承接大量案件的律师，我们要

争做"纯技术"的业务型律师。唯有如此，我们才能走得更远、走得更稳。

（二）案件代理过程中接待客户

首先，要与客户保持良好的沟通关系。在代理案件过程中，客户十分看重律师是否把客户的事情当成自己的事情办。一言以蔽之，律师是否对案件负责。当我们和客户顺利签约后，面对随后客户的来访以及电话沟通，都应当耐心细致地回答和接待。签约后，及时把客户约到律所面谈。通过沟通，确认以及补充之前掌握或未全面掌握的案件事实。根据现有的案件事实，初步确定立案、诉讼过程中提交多少证据。客户不是专业的法律人士，可能会提供很多与案件无关的证据，也可能提供一些对自己不利的证据。这时候，我们需要帮客户去筛选，并耐心解释提交或不提交某些证据的理由。

其次，要实时跟进司法机关的办案进度并及时反馈给客户。因办案风格不同，有的律师喜欢事无巨细地向客户反馈，有的律所则自接案后再也不和客户联系，这两种方式都各有利弊。律师是靠时间赚钱的，我们不可能把全部精力只放在一个案件上，除非律师费足够高。律师的工作多在庭审之外，我们能做的是让客户知道收费之后，律师都做了哪些工作。在立案前，和客户确认是否确定立案、诉讼费支付方式等；律师尽量不要替客户垫付律师费，更不要借钱给客户。立案后，及时告知客户已经立案成功，接下来等待法院排期开庭。立案一个月左右，及时和法院联系询问是否分配承办人以及开庭日期，即便电话

四、像对待家人一样，接待你的当事人

没有打通也要给客户反馈刚联系了法院但未联系上，只有做到"事事有回复，件件有着落"，客户才会了解我们把他的事当作自己的事来办。开庭前，及时通知客户准备好证据原件以及确认本人是否出庭。证据是否有原件的重要性，在此不予赘述。开庭时，若客户未参与庭审，庭审结束后及时向客户反馈庭审情况，并及时向法院快递代理词或辩护词（若有）。收到判决书后，尽快约客户到律所面谈，分析法院认定的事实、适用法律等是否存在问题，确认客户是否上诉并预测对方是否上诉，及时做好应对工作。

像对待自家人一样，对待你的当事人。在代理过程中，可能会出现同一个问题客户反复地咨询，我们一定要认真、耐心、及时地回复客户。隔行如隔山，律师、法官尚对某些法条的理解存在争议，何况非法律专业人士？因此我们对客户要多一些理解。

前文提到过，律师起码是半个销售。生活中我们遇到的销售，其对待客户的态度值得律师去学习。我们需要给客户留下的印象和感受是"我是个很专业的律师"，而不是"你真是个法盲"。个别律师居高临下，自视甚高，看不上或看不起客户，这是不可取的。希望我们能成为那种风度翩翩、受人尊重的专业律师。

（三）案件代理结束后接待客户

案件代理结束、归卷后律师并不是无事可做。在条件许可的情况下，可以多订做一套卷宗装订成册，约客户到律所赠送给客户。这样做的理由很简单，判决生效了，委托代理工作也应当做一个完美的收尾；律师一辈子会参与不计其数的案件，但客户也许终其一生就遇到一次诉讼。他们对自己案件的材料、证据或许都没充分了解过，更谈不上存有装订成册的案件材料。此时，我们把装订精美的卷宗送给客户一份，会给客户留下一个好印象。如果日后客户再遇到诉讼或朋友遇到诉讼，大概率还会选择我们。

除了代理已经结束的案件，客户遇到其他法律问题向我们咨询时，我们也应当一如既往地提供法律上的帮助。免费咨询，或是收费咨询，根据提供咨询占用的时间来衡量。

作为律师，任何时候都要记得我们需要以委托人为中心，关心每一个具体的人、每一件具体的事，并对案件结果负责。

五、带上解决方案，向你的当事人提供法律咨询

自打入行以后，笔者很少转发"不做免费的法律咨询""法律服务付费，尊重律师的劳动"类的文章。总怕会让朋友难堪，总怕让人误会，总怕让人觉得才开始做律师就想赚钱了……但律师只是三百六十行工作中的一行，并不特殊，超过八个小时后的工作内容也是加班。我们每天都在处理各种法律事务，加班加点已经司空见惯。随时随地办公，甚至挤在地铁的人流中都可以通过微信提供各种法律服务。下班后大多数其他职业者便可以躺在床上，看看电视，打打游戏，陪陪家人。可是律师呢？如果客户有紧急的事情，可能整个通宵都要贡献出来。基于此，向客户提供法律咨询服务时，律师需要有一个良好的心态。否则，很容易出现厌烦、抑郁的情绪。唯有热爱这份工作，把律师职业当成自己终生为之奋斗的事业，不计较一时之得失，方能让我们永远保持激情。

（一）确认客户待咨询的问题是什么

很多时候对客户的问题解答不清楚或让客户不满意，不是律师的专业能力存在问题，而是客户要咨询的问题律师没弄清

楚。大多数客户不是法律专业人士，没有那么专业的归纳、总结事实的能力。因此，律师在解答客户问题之前，须向客户明确要咨询的问题是什么，然后针对具体的问题进行解答，否则不仅浪费了客户、律师的宝贵时间，也会让客户觉得律师不专业、不靠谱。

举个例子，在客户陈述完毕后，我们可以以类似的方式向客户确认问题：听了您详细的陈述，我归纳一下，您与某某之间的纠纷，主要争议有两点，其一是……其二是……您要咨询的问题是单方解除合同的后果以及依据吧？只有确认了客户要咨询的问题后，我们准备起来才能事半功倍。当然遇到简单的或不存在太大争议的咨询，可以直接解答。

（二）通过向当事人发问，全面获取案件信息

不少当事人在初次接触律师的时候，不知道对自己的案件从何说起。为了尽可能让律师全面了解案情，往往会东拉西扯地说很多。这时律师应该通过发问的方式，来全面获取案情。发问的方法可以参照法庭调查环节中，法官发问的技巧和方式。这样做还有一个好处就是避免当事人总是提问，律师陷入被动回答的尴尬局面，律师在这一环节其实可以起到主导作用。以民间借贷案件的发问为例：①你们有没有签过借款合同？②你们什么时间签的借款合同？③借款是现金还是转账支付的？④你们有没有约定利息、利息是多少？⑤借款和利息分别还了多少？⑥最后一次还款是什么时间？⑦有没有约定偿还的款项是利息还是本金？⑧还款之后有没有向对方主张还款、有没有催

款的证据，比如微信、短信或电话录音？⑨有没有对方准确的名字、身份证号、地址和电话？民事案件中，律师一般不会准备发问提纲，但是在我们心里一定要有。通过发问获得自己想要的案件信息是更为高效的处理方式。

（三）接待客户时，尽量带上解决方案

面对法律咨询时，要不要提供解决方案，一直困扰着青年律师。我们担心提供了解决方案，客户就不再委托律师，我们就丢失了一个案件。以笔者从业这些年的经验，接待客户时尽量带上解决方案，一定要让客户感受到我们的真诚，做事有标准、有章法。给了客户解决方案，不见得客户就有时间、有能力去实施。能否与客户形成委托关系，是多方面因素促成的。至于客户知道解决方案后，是否继续委托律师，大可不必在意。如果我们的方案可行，客户会更加相信律师的专业能力，未来还会有合作的机会。

解决客户问题的方案怎么形成呢？年长律师有年长律师的经验，青年律师有青年律师的方法。青年律师可以通过向当事人发问获取争议焦点、结合法律法规研究、案例研判等，找出解决问题的大致方案。

解决客户问题的方案一定是诉讼吗？诉讼只是手段，不是目的。能做到不诉讼而给客户解决问题，才是最优解。人是有一定局限性的，我们在某一个方向的业务做久了，就会缺少发散性思维。

举一个劳动争议方面的例子：某企业职工工作期间突发疾

病，被同事送往医院抢救，5天后该职工因抢救无效去世。该职工有两个不到三岁的孩子，其中一个孩子还患有心脏病；该职工的妻子一直无业在家，没有其他经济收入。该职工的父母、叔叔伯伯们都加入到了信访队伍，要求该职工生前所在企业高额赔偿，每一个人都想分一杯羹。按照法律规定，该职工无法被认定为工亡；但企业愿意赔付该职工妻子一笔高额费用用于抚养其子女。如果这笔钱直接赔付出去，其他家属大概率会主张分割一部分，留给其子女的费用则不会太多。企业该如何最大限度地保障该职工子女和配偶的权益？我相信不少律师会告诉公司依法办理，怎么分是家属自己的事，解决不了就诉讼。但是有一位律师就提供了一个解决方案，方案建议把该职工的妻子招聘到企业来，法定赔偿以外的部分通过发工资的形式给到女方（女方无须到企业上班）。这样既解决了信访问题，又能在一段时间内保证女方和孩子们的生活。这个方案不能说是十全十美，但至少实现了法治效果和社会效果的统一。当然，这种优质企业，生活中也是不多的。

（四）复盘咨询、总结经验

每一次法律咨询，都是一次提高和锻炼自己的机会。青年律师不要把法律咨询当作负担。知识付费，好像成了行业的一种共识，但是整个社会没有形成共识，也不可能形成这种共识。我们在为客户提供法律咨询的时候，要做好提供免费法律服务的思想准备。机会总会垂青有准备的人。如果咨询我们的客户足够多，说明潜在案源就足够多，至于能否形成有效委托就交

五、带上解决方案，向你的当事人提供法律咨询

给时间吧。时间不会亏待任何一个认真做事的法律人。

咨询结束后，一定要全面复盘。我觉得这是一个非常必要的思维习惯。如果咨询结束，我们对此案件涉及的问题束之高阁、抛之脑后，对我们的从业经验来说只不过是多完成了一个法律咨询。唯有对每一次咨询都进行总结和反思，找到不足，才能将其真正变成我们的经验。如果咨询结束后我们还有时间，可以通过一个问题去研究一下这个行业。万一以后遇到与这个行业相关的案件，我们就可以游刃有余地提供法律咨询和代理服务了。

六、法律法规、案例检索速成指引

法律法规、案例检索是青年律师必备的一项基本技能。擅长检索的律师,一定可以事半功倍。青年律师经常为没有人教、师傅没时间带、成长过慢而苦恼。但与其期待别人,不如让自己成为别人的期待。互联网已经给青年律师的快速成长提供了很多便捷的渠道。

(一)明确检索目的和检索关键词

我们在检索之前,需要明确检索的目的,即想要找到什么法律规定、想要找到匹配度多高的案例。根据检索目的,筛选检索的关键词。关键词的选择,一定程度上直接决定了是否能够找到匹配度更高的案例。我们可以把自己的问题拆分为几个关键词,然后在相应的平台中进行逐级筛选。

(二)选择合适的检索平台

青年人在利用互联网新技术这一方面,具有得天独厚的优势。青年律师比年长律师更容易接纳新鲜事物。近几年,我们能看到各种各样的检索工具和检索平台,有免费的,也有付费的。对于青年律师来说,购买付费平台会增加一些成本。一般来说，律师事务所会购买一些平台给本所律师使用；几个青年律师也可以共同凑钱购买一个账户。

法条和案件的检索平台常用的有 Alpha、威科先行、人民法院案例库、北大法宝、裁判文书网、法信、聚法案例、最高法官网、最高检官网以及各个部委、地方政府的官网等。

案例检索和专业文章检索可以通过微信的搜索功能来进行，微信检索既便捷又免费且较为准确专业，但微信检索的文章、法条、案例等仍可能存在一定错误，使用时应当加以甄别，多检索和阅读几篇文章，进行横向对比以拓宽自己的思路，并查阅相关法条来进一步确定文章的准确性。

（三）制作法律意见书

律师助理在检索完成后，最好不要只将一个检索结论告诉主办律师。虽然结果很重要，但是检索过程也不容忽视。律师助理的主要职能是给主办律师提供帮助。鉴于此，建议律师助理制作一份检索报告交付给主办律师。

关于某某问题的法律（法规）检索报告

一、检索说明

检索时间：××××年××月××日

检索平台：【威科先行……】

二、检索目标（待决案件争议法律问题）

（一）……

（二）……

……

三、检索内容

（一）法律

（二）司法解释

（三）行政法规/部门规章

（四）裁判观点

（五）专家意见

……

四、检索结论及意见

本律师认真查阅《中华人民共和国劳动法》《中华人民共和国劳动合同法》《工资支付暂行规定》等相关法律及司法解释后认为：

1. ……

2. ……

以上意见，仅供参考。如有任何疑问，可与本律师沟通以获解决。

北京市某某律师事务所
律师：
年　　月　　日

（四）制作案例检索报告

案例检索比法律法规检索的难度更大，尤其是找到与待决案件适配度很高的同类案例。案例检索首先要确定检索目标，根据检索目标确定检索关键词，之后按照确定的检索关键词在检索平台上进行检索。如果足够细心，我们甚至可以将检索到的待决案件主审法官审理过的同类案件提交至法院，会更具有说服力。即便案件可能会出现不利后果，我们也可以通过对判例的研究，提早做好应对策略。以执行和解协议是否具备可诉性为例，我们可以把关键词拆分为：执行和解协议、可诉性、不具有可诉性；恢复执行原判决、执行和解协议、可诉性。检索到适配度比较高的案例后，建议向主办律师或法官提交案例的同时附一份案例检索报告，以便接收人可以更直观地看到检索结论。

案例检索报告

检索说明	检索人： 检索时间： 年 月 日
检索平台	中国裁判文书网及网址：……
案件名称	中机环建集团有限公司与扬州荣城置业发展有限公司合同纠纷二审民事裁定书
案号	（2020）苏民终247号
审理法院	江苏省高级人民法院
基本案情	2016年11月15日，中机环建集团有限公司（以下简称中机公司）向扬州仲裁委员会提起仲裁申请，要求扬州荣城置业发展有限公司（以下简称荣城公司）支付欠付工程款。扬州仲裁委员会作出裁决：荣城公司应向中机公司支付的工程款为22679960元，并支付利息、仲裁费、保全费110932元。后因荣城公司未依照上述仲裁裁决书履行给付义务，中机公司向扬州市中院申请强制执行，在

	续 表
基本案情	执行过程中，中机公司、荣城公司于2018年5月3日签订执行和解协议。2018年8月15日，扬州市中院与中机公司谈话，要求中机公司明确荣城公司目前欠付其的欠款本息，中机公司明确"截至7月4日荣城公司欠付本息共计3439988.57元"，并陈述"我方按此金额主张，但不因此放弃和解协议的权利"。2018年8月17日，扬州市中院向中机公司、荣城公司出具结案通知书。2019年10月10日，扬州市中院裁定受理关于中机公司的破产清算申请，审理过程中，中机公司以荣城公司未能全面按期履行执行和解协议为由，要求荣城公司承担和解协议约定的违约责任。扬州市中院认为中机公司提起本案给付之诉不应予以受理，遂裁定驳回中机公司的起诉。中机公司上诉到江苏省高级人民法院，江苏省高院裁定驳回上诉，维持原裁定
裁判观点	《最高人民法院关于执行和解若干问题的规定》第九条规定，被执行人一方不履行执行和解协议的，申请执行人可以申请恢复执行原生效法律文书，也可以就履行执行和解协议向执行法院提起诉讼。本案中，在一审法院就（2016）扬仲裁字第457号裁决书执行过程中，中机公司与荣城公司达成执行和解协议，该协议是双方在前述裁决书确定的债权债务关系基础上所设立的新的债权债务关系，就该执行和解协议所确定的权利义务关系的实现，或通过荣城公司的自动履行，或通过中机公司提起诉讼而赋予其强制执行力，该执行和解协议并不能直接成为一审法院强制执行的依据。二审期间，中机公司对2018年8月15日执行谈话笔录的真实性予以确认。据此，当荣城公司未按执行和解协议的约定履行时，中机公司并未提起诉讼，而是向一审法院执行法官明确要求对方履行相关欠款本息，中机公司的请求构成前述第九条规定的"申请恢复执行原生效法律文书"。中机公司以其在2018年8月15日执行谈话笔录中陈述"不因此放弃和解协议的权利"主

续表

裁判观点	张其并未放弃追究和解协议项下荣城公司违约责任，进而主张其具有提起本案诉讼的权利。对此，本院认为，仍是根据前述第九条规定，在被执行人荣城公司不履行和解协议的情形下，中机公司如认为和解协议更符合其期待利益，则可以直接就履行执行和解协议提起诉讼，包括主张荣城公司在和解协议项下的违约责任，但中机公司虽在2018年8月15日执行谈话笔录中先称"不因此放弃和解协议的权利"，后又向一审法院明确要求对方履行欠款本息，一审法院随即进行相应的执行，并于2018年8月17日作出结案通知书，故中机公司实际选择了"申请恢复执行原生效法律文书"，而其这一选择在法律上即意味着排除了就履行执行和解协议提起诉讼主张权利的救济方式，换言之，中机公司上述谈话笔录中存在相互矛盾且不能并存的主张，在其最终向一审法院明确要求对方履行欠款本息这一主张且实际因为一审法院的执行而获得支持的情形下，即无权再行就履行执行和解协议提起诉讼，中机公司就此提出的上诉理由，缺乏事实及法律依据，本院依法不予支持
检索结论	当被申请执行人未按执行和解协议的约定履行时，申请执行人并未就履行执行和解协议提起诉讼，而是向法院申请恢复强制执行原判决书，构成《最高人民法院关于执行和解若干问题的规定》第九条规定的"申请恢复执行原生效法律文书"。 申请执行人实际选择了"申请恢复执行原生效法律文书"，而这一选择在法律上即意味着排除了就履行执行和解协议提起诉讼主张权利的救济方式，换言之，申请执行人在最终向一审法院申请恢复执行原判决而获得支持的情形下，即无权再行就履行执行和解协议提起诉讼。案涉执行和解协议不具有可诉性
备注	案例提交人：　　　　　　　　　　　　　年　月　日

案例检索不只是提供给法官、主办律师的，青年律师一定

要学会法律法规、案例检索技能。对案例的研判和学习，有利于经验的增长。当我们无法确定案由、诉讼请求时，甚至不会写答辩状、代理词时，都可以通过案例检索得到答案。前辈的经验都在判决书中，在浩如烟海的案例中，只有不断地研判大量的案例，才能实现自己技能的进阶。

七、逐条教你起草完美的合同

判断一份合同是否优秀的标准不在于给对方挖了多少坑，也不在于对己方的权利义务进行了多么完善的保障，而是在均衡各方利益的基础上促成了交易。因为只有客户交易的成功，才是合同的成功。如果一份自称"完美的合同"，却对交易无任何助益，那只是几张废纸而已。

每一份合同都有自己的结构，但也有共通的部分，大都按下列顺序排列：封面、合同首部、鉴于条款、定义、具体操作条款、先决条件、陈述和担保、通用条款、违约条款、争议解决、其他合同签署（签字页及附录或附件）。合同的起草者，应根据本合同要实现的目标或增或减。如果起草过很多份合同，竟然没有一次仔细想过每一项模块设计背后的理念，亦很可悲。律师起草合同不应是机械地照抄照搬，而应把它作为一门艺术创作来对待。

（一）合同的封面

合同为什么要有封面？至少它防水。合同封面应当载明合同编号、合同的名称、合同的主体、签约时间、签约地点。合同编号是一个很有意思的设计，可以以合同名称首字母+律师名字首字母+日期等容易识别的方式设计。

(二)合同的首部

1. 合同名称

合同首部第一项是合同名称,这是一个简单的具有描述性的标题。

2. 合同日期

合同日期通常是合同签字日,但有的合同当事人因为地理距离、人数众多等原因无法同一天聚集到一起,希望合同不在签字日生效,会改用"签订日"。值得注意的是,合同订立日可能会与合同生效日不同。如果合同签字页有日期设计,为了避免重复,该模块可以删掉。

3. 当事人名称

在当事人名称部分要将各个当事人的法定名称准确列出。通常还应列明他们的法律地位或法律形式,如身份证号、职务等。律师可以通过法律地位来判断合同签署人是否有授权,否则会导致合同被撤销或无效。

4. 当事人地址

当事人地址可以列出注册地、主要营业地、自然人的经常居住地、户籍所在地等。这一小块根据起草者习惯进行调整,为了避免头重脚轻,笔者经常将地址信息放到合同签字页。

5. 签约地

签约地通常只在特定情形下才有意义。如果约定签订地只为确定管辖的归属，建议在首部中省略，归到争议解决部分中去。

（三）鉴于条款（前言）

基于当下对鉴于条款是否有法律约束力，尚无定论，那么设置鉴于条款的目的就在于介绍合同背景而不应该包括实质性条款。如果交易本身不具有独特的背景，为了减轻阅读者负担，可以省掉鉴于条款。鉴于条款应当避免冗长的段落，切忌规定具体的权利义务，切忌对具体操作条款中出现的术语进行定义。

（四）定义

为便于查阅，合同起草者应该尽量将所有经过定义的术语归入同一章内，这样读者在合同其他部分看到经过定义的术语且对其内容不确定时，就能方便地在"定义"部分找到其对应的解释。定义条款的位置可以在鉴于条款后面，如果定义部分过于冗长，也可以放在合同尾部作为附录单独列出。

一般来说，合同的主要阅读者是律师和相关商务人员。律师在看一份合同时，无论定义放在什么位置，都会先看定义以准确理解定义术语的具体含义。而考虑到多数商务人员对合同开篇就看到冗长的定义条款感到不习惯，因此建议将定义部分作为附录单独列出，毕竟定义条款对合同效力没有实质影响。

定义某个词汇时，应当注意普通含义和赋予特殊含义的区分，如果一个普通含义就能表达意思，就没必要去定义，比如"日历日"或"第三方"。另外定义不是具体操作条款，不要对具体权利义务加以规定；避免循环定义、通篇定义不一致的情况，否则不仅会导致阅读者无所适从，还可能对合同当事人的权利义务造成负面影响。

（五）具体操作条款——合同双方的权利和义务

在起草当事人的权利义务条款时，不能仅限于文字上的准确表述，而应考虑该条款在实践中的可行性以及能否实际保护当事人的利益，即清除障碍+填补漏洞。

当事人的权利：不受超出当事人控制之外因素的影响；确保要求对方履行义务时在法律上不会遇到障碍；对方应在明确的期限内履行义务；如果对方未履行合同，当事人应该采取明确及有效的救济措施。

当事人的义务：不应承担未确定范围的义务或责任；当事人是否履行义务应有客观及合理的评价标准；当事人规定的义务必须是有能力履行的；合同中不应有苛刻的惩罚性条款。

时间就是金钱。在起草权利义务条款时，应当明确行使权利和履行义务的期限。否则一旦因时间约定不明而发生争议时，经过诉讼或仲裁来确定势必要拖延很久。

总之，合同起草时要遵循三个原则：①确保合同条款的可操作性和可行性；②确保当事人设立的救济措施在出现问题时的可行性；③确保合同各个环节运作协调一致和连贯性，不可前后脱节。

（六）先决条件

有些情况下，只有在特定的条件成就后，合同才能生效，或者当事人才需要履行合同项下的一些相关义务。先决条件成就的证据一般是一方提交相应的确认性文件。虽然先决条件没有一个定式，起草者也应考虑以下因素：①应该由哪一方负责促使条件的成就；②"尽最大努力"相对于"合理的商业努力"等太过模糊，律师应该考虑是否接受或另立客观标准；③条件应该在什么时候成就？条件成就的日期对合同效力的影响，如果条件在合同签署前已成就，则不应该作为先决条件；④条件成就的标准，何种情况下视为条件成就？是否需要书面确认？⑤先决条件成就或被放弃的后果——合同生效或合同终止。律师最容易忽略的就是设计条件不成就后合同终止或不生效的善后事宜处理程序。

（七）陈述和担保

陈述和担保条款，是在合同中由一方对那些其所掌握的、对方无法掌握或很难掌握的相关信息作出的陈述，同时向对方担保陈述属实，但对方很难判断其真伪。陈述和担保对相对方的意义在于，相对方之所以同意签署并实施这个合同，是基于陈述方对某些事实作出了陈述和担保；如果在执行过程中，相对方发现这些陈述和担保有不实之处，可以将此作为寻求救济措施的依据，如撤销或终止合同，或索赔。

在合同签订前律师必须进行审慎性调查，审阅双方与合同相关的其他法律文件。但是不管律师审阅多少文件，总有一些信息未反映。因此，审慎性调查中留下的漏洞需要陈述和担保来填补。同时应注意陈述与担保和先决条件之间的关系，有些已是先决条件的，切忌再作为陈述与担保的内容。

最后就是保证条款是陈述与担保条款的延伸，保证是针对将来要实施的行为而作出的，陈述与担保则对应的是过去和现在。

（八）通用条款

许多律师不注意检查通用条款，并假设合同当事人对此不会有所更改。然而事实并不总是如此。

1. 转让条款

一般合同中并没有写入该条款，在当事人出现该行为时多数参照《中华人民共和国民法典》（以下简称《民法典》）合同编的规定来定分止争。如果在该类条款中，有规定未经对方书面同意，不得转让的条款，这实际比《民法典》合同编的规定更为严格，律师应当考虑该条的设置对委托人是否有利。

2. 不可抗力

合同中不可或缺的是对不可抗力进行罗列，可是起草人往往忽略掉了政府行为或情势变更。因此在起草时，律师应该考虑上述情形及对应的救济措施，否则还不如不写该条，毕竟《民法典》合同编已经规定一般合同所需要罗列的情形。

3. 保密条款

起草保密条款时，首先要设定合同当事人交换的信息是否属于保密信息及其判断标准。该条不宜设定得过于苛刻，比如规定因合同签署双方交换的一切信息都要无期限保密，就显得过于苛刻。

其次需设定如遇涉诉、仲裁、上市等情形，不得不出示合同相关内容时，不视为违反保密条款。

最后是保密条款的期限和合同终止后如何处置保密资料，通常是归还对方或者依照指示予以销毁。

（九）违约条款

最失败的情形是合同中出现类似"任何一方不得违反合同约定，否则违约方将承担违约责任，且承担因此给对方造成的损失"的内容。如果违约条款起草成这样，就仅仅只是一纸空文，《民法典》合同编规定的内容比这还要详细。

违约一般分为轻微违约、重大违约和根本违约三种情形。违约条款应根据上述不同性质设置不同的救济措施。

因己方客户轻微违约，但并不妨碍合同总体的履行，律师应该确保己方客户不承担苛刻的损害赔偿责任，并且不能让对方以此终止合同。

通常只有在一方出现重大违约时，非违约方才会通过诉讼、仲裁等手段追究对方的违约责任。但是什么叫重大违约，《民法典》合同编中并没有详细说明，那就需要结合具体情况，在合同中具体罗列出哪些情形是重大违约及客观判断标准，否则仍然是一纸空文。

在根本违约情形出现时，不存在切实可行的补救方法，如果设计一个宽限期将会导致损失进一步扩大，则最好的方法是一旦判定对方属于"根本违约"，非违约方无须给对方任何宽限期就可以立即解除合同。

（十）争议解决

经常会看到一些合同中出现"如因履行本合同发生的争议，任何一方可向有管辖权的法院起诉"，笔者真想求求他别这么写，浪费别人的时间。也有些合同中会写"向原告住所地起诉"或者"向被告住所地起诉"，其实合同履行过程中任何一方都可能成为原告或被告，为了避免双方产生异议，不如约定为"由合同履行地有管辖权的法院管辖"或"××市××区人民法院管辖"，这里需要注意约定管辖不得违反级别管辖。

最后是一个不是问题的问题，在争议解决中很多合同都以"因履行本协议发生争议，先由双方友好协商解决"先行铺垫。笔者认为这可能是出于礼貌而设计的，但是除了增加阅读量和占篇幅之外，没有任何实际意义。

（十一）其他

一般合同的份数，几个人共同持有。但是不要一会儿用"壹"，一会儿用"2"，请保持前后统一性。

另外就是合同生效时间，"其他"条款中多出现"自双方签字之日起生效"，这其实早已规定在合同法中了。由此可见，不见得合同字数越多就越专业。

（十二）合同签署

签字页的位置因起草者的习惯不同而不同。有的在附录之前，有的在附录之后。还有的就是每页都签字或加骑缝章。不管以何种方式签署，均应该确保签字页与合同内容联系在一起。

签字页一般应当有以下内容：合同当事人的签名（或加按手印）、联系方式、身份信息及证明（相关文件可放于附录中）、真实有效的联系地址（方便送达相关文书）、合同签订日期。

附录和附件没有区别，均应当与合同内容保持一致。如果一个资产上亿公司的股权转让协议中，却没有一页附件，那至少会导致陈述与担保的内容没有可操作性。

行文至此笔者想说，一份优秀的合同要求律师思路清晰严谨，同时还要尽量减少合同的不确定性。起草合同要避免不看个案生搬硬套，也不等于将法律法规搬到合同中去，更不是将委托人的意思一字不漏地写入合同中。

要时刻谨记，衡量律师成功的标准在于能否帮助当事人获得实际利益、规避风险，而不是合同字数的多少。

八、"手把手"教你审查、修改合同

审查和修改合同是律师必备的一项技能，也是实习律师最早、最快能上手的实务。无论是非诉律师，还是争议解决律师，在漫长的职业生涯中都不可避免地需要审查和修改合同。那么审查、修改合同，有没有注意事项？主办律师交给我们一份合同，需要审查哪些要素、该怎么修改？吴江水老师在《完美的合同》一书中已经给出了明确指引。在实务操作中，不存在完美的合同，但我们可以做到相对完美。我们出手的每一份合同，都是青年律师的执业名片。基于此，我们不得不重视审查和修改合同。

（一）关注交易目的及行业背景

很多合同交易的双方可能并不熟悉，仅仅是为了实现某一个目的而成为合同的相对人。因此，交易目的于合同的重要性不言自明。交易目的简言之就是签署这份合同的目的是什么。如果一份合同没有交易目的，那就不能称之为合同。不少律师审查合同时，潜意识里认为交易目的属于商业条款，无须过多关注，这其实是不妥当的。因为交易目的是否合法直接影响到合同的法律效力，交易目的是否能实现直接影响到合同是否能完全履行。

关注行业背景的必要性，也经常被律师忽略。不少人认为，我就是审查一份合同，没必要扩大到去关注交易主体所在的整个行业。其实对行业的了解，更有助于我们调整和修订合同的内容，更容易促成交易。举个例子，有人委托律师审查一份水产品买卖的合同，正常来说律师只要把合同条款审查一遍就可以了。但是律师如果有时间，不妨多了解一下水产品的行情以及水产品买方的行情，通过对行情的了解，能更清晰地了解到买卖双方的履约能力、违约风险。当我们结合当下的经济状况，把行业风险告诉委托人时，委托人至少不会认为这个青年律师不专业。以后若其发生了相关纠纷，则可能促成民事诉讼案件的委托。"一锤子"买卖可不值钱，风物长宜放眼量。

（二）审查、修改合同的基本原则

1. 合法合规

合法合规是审查合同最重要的原则。交易事项违法或损害国家利益、违背公序良俗等，会直接导致合同无效。如果律师在审查合同时没有注意到这个问题，可能会招致委托人的投诉或索赔。合同的审查和修改看似是一项非常简单的法律服务事项，实则不然。审查合同需要律师具有丰富的经验和专业的法律素养，否则不仅会给委托人或顾问公司造成损失，也会给自身招致纠纷。

2. 促成交易

有一种说法："律师是合同交易的破坏者。"在合同起草一文中说过，合同条款的修改以排除妨碍和填补漏洞为要旨。但在修改合同的过程中，我们会经常遇到对手律师在制造交易障碍，比如过分加重对方的违约责任、惩罚性赔偿。看似在维护己方利益、体现律师的专业性，实则可能直接导致交易无法继续进行。

因此，促成交易是合同审查、修改的一项非常重要的基本原则。切记律师审查、修改合同的主要目的是促成交易，而不是做交易的破坏者。在对合同中权利、义务、违约责任等条款的设计上，不要过分苛刻，应尽量相对公允、对等。

3. 言简意赅

言简意赅，也是合同审查、修改的基本原则之一。合同文本并不是字数越多越好，而应言简意赅。如果一份合同3页纸之内能把整个交易说清楚、权利义务约定明白，就完全没必要把合同拼凑成十几页。

4. 整体美观

观感，是阅读者的主观判断。经律师审查或修改过的合同，如果出现错行、字体不一致、条款序号无规则、标点符号使用不当等问题，就一定会影响阅读者的观感。因此，提交合同版本的整体观感——即美观，也应当是律师对自身的一个基本要求。

时刻警醒自己，客户对律师的容错率大概率为零。前文说过，青年律师出手的每一份法律文书，都是自己的名片。我们需要一点一点地积累，去俘获客户的"芳心"。

（三）对合同进行合规性审查和风险防范性修改

1. 合规性审查

合同合规，不仅需要符合《民法典》的相关规定，还应当符合其他部门法或相关部门规章的规定。商业交易或其他民事行为中，存在着大量的无名合同和有名合同，民法典对相关有名合同专门做了规定，律师一定要了解清楚相关规定。至于合同合规的其他部门法规等，不再一一列举。

《民法典》第四百七十条规定："合同的内容由当事人约定，一般包括下列条款：（一）当事人的姓名或者名称和住所；（二）标的；（三）数量；（四）质量；（五）价款或者报酬；（六）履行期限、地点和方式；（七）违约责任；（八）解决争议的方法。当事人可以参照各类合同的示范文本订立合同。"根据上述规定，合同应当具有这八个要素，但前三个要素是必备要素，否则，合同不成立。

当然，不合法或不合规不一定会导致合同整体无效。但是作为审查合同的律师，应当以批注形式对客户进行提醒。这不仅体现了律师的专业性，也是律师自身规避风险的有效方法。

2. 风险防范性修改

（1）合同首部信息

合同首部一般是交易当事人双方或多方的信息。比如名称、身份证号、地址、电话等。审查该部分内容时，交易主体之一有自然人的，应当核对身份证件；交易主体系公司时，应当在国家企业信用信息网核对公司的名称、住所、地址等是否与合同文本载明的信息一致。

（2）鉴于部分

鉴于部分，可繁可简。简单交易内容的合同，只需写明合同目的。示范条款如下："甲乙双方在平等、自愿、协商一致的基础上，就乙方向甲方提供物业服务等事宜签订本合同，以兹共同遵守。"涉及复杂的交易安排时，鉴于部分的内容应当根据合同目的适当调整，一般应包含资质、不存在他项权利、是否有共同权利人及取得相应授权、不存在未披露债务等内容。

（3）商业条款

《民法典》第四百七十条规定的标的、数量、质量、价款或者报酬、履行期限、地点和方式，均属于商业条款的内容。

标的即合同当事人双方权利义务指向的对象，必须明确且合法。买卖合同中的数量是多少、租赁合同中租赁面积是多少（建筑面积、套内面积）、符合行业标准还是国家标准、房屋交付条件是什么、价款是否含税均应当明确。审查履行期限时，应当核对是否与合同有效期一致、是否存在冲突；签约的起始期限是否已过，均应当以批注形式提醒。在买卖合同中，履行地点和方式比较重要，标的物所有权的移转条件也应当约定清楚。

（4）双方的权利和义务条款

一般来说，多数合同为双务合同。己方的权利，也即对方义务。权利和义务条款的审核须围绕合同目的和标的进行约定，无须设置苛刻的条款，无须排除对方的权利或加重对方的义务。

权利和义务，一般以罗列的方式进行明确，最好不要采取概括的方式。

（5）保证和承诺条款

保证和承诺，一般是保证取得了合法授权或标的物不存在权利瑕疵，否则可能涉及无权处分进而影响合同效力。涉及股权转让类合同，保证不存在潜在债务或未履行债务，否则股权转让合同可能会被人民法院或仲裁机构撤销。

（6）合同生效和解除条款

合同一般自签约时生效。但实践中，存在附条件或附期限的合同，审查合同时应当注意合同所附条件和所附期限是否与生效时间冲突。另外，关于事后补签的合同，这时尽量把合同生效的时间约定为双方开始履行权利义务的起始时间。

示范条款如下："本合同自甲乙双方授权代表签字或盖章之日起生效"或"本合同自××××年××月××日起生效。"特别解释一下，"签字、盖章""签字和盖章"与"签字或盖章"存在一些不同，"签字、盖章""签字和盖章"意味着必须签字并盖章，合同才生效；而"签字或盖章"意味着只有签字，或只有盖章都视为合同生效。

再比如双方约定"未经对方同意，本合同中约定的权利和义务不得向第三人转让"。根据《民法典》的规定，权利、义务转让只有三种方式即权利转让、义务转让、权利义务概括转移。那么例子中的约定，属于权利义务概括转移吗？如果你认为本条约定既包含了权利不得单独转让，也包含了义务不得单独转让，又包含了权利义务概况转移，那么该如何理解"未经对方同意，本合同中约定的权利或义务不得向第三人转让"？在笔者代理的某个案件中，甲方将其在合同中的权利转让给了第三人，第三人向乙方主张付款义务时，乙方以"本合同中约定的权利和义务不得向第三人转让"为由进行抗辩。后来法院采纳了我方的观点，法院认为"本合同中约定的权利和义务不得向第三人转让"仅是指权利、义务一并转让即权利义务概况转让的情形需要经对方同意，单独转让权利不受本条约束。由此可见，一丝不苟是律师的本分，我们应当敬畏合同的审核和修改。

（7）违约责任条款

为了促成交易，建议起草者或修改者只对主要义务设置违约责任，不必要针对对方每一条义务都加以违约限制或惩罚性约定，且违约责任的约定应当量化、可执行，避免宣誓性条款。

示范条款："乙方有下列情形之一的，甲方有权单方解除本合同，要求乙方按照合同总额的20%支付违约金并赔偿全部损失：（1）……（2）……甲方同意继续履行本合同时，不免除乙方的违约责任。"

我国司法实践中，违约金具备损失赔偿的性质，但我们不妨在违约责任中设置违约金+赔偿损失的模式。笔者认为违约金系违反诚实信用原则而遭受的惩罚，损失赔偿是基于给对方造成的资金占用损失而产生的，两者不矛盾、不重叠。即便诉至法院，可由法院依职权或依对方的申请进行调整。

（8）争议解决条款

争议解决一般是法院诉讼或商业仲裁机关仲裁。审查、修改合同时,尽量将仲裁机构具体化。关于因诉讼发生的律师费负担问题,根据客户需求进行调整。

示范条款一:"因本合同或本合同的履行发生的争议,由甲乙双方协商解决;协商无法解决的,应当向××市××区人民法院诉讼解决。因诉讼发生的律师费等合理费用由乙方承担。"

示范条款二:"凡因本合同引起的或与本合同有关的任何争议,均应提交××仲裁委员会,按照申请仲裁时该会现行有效的仲裁规则进行仲裁。仲裁裁决是终局的,对双方均有约束力。"

(9)其他条款

该部分主要为合同的份数、附件及送达的相关约定。示范条款:"本合同附件××,与正文具有同等效力。本合同一式两份,甲乙双方各持有一份,具有同等法律效力。"

(10)附件

附件内容是合同的有效组成部分,律师审核时不应当忽略。

(四)提交工作成果即合同审查报告

合同审查和修改完毕后应当及时向客户提交工作成果即审查报告,通常以邮件方式提交;若双方通过其他办公软件沟通,也可以通过相关平台传输合同文本。建议向客户提交留痕修改版合同和清洁版合同,以供客户查看修改内容和签约使用。参考模板如下:

关于某某合同的审查意见及合同文本交付

××公司：

您好。××××年××月××日收到贵司发至的"××经纪合同"一份，贵司要求本所律师对该合同的主要内容进行审查，现于××××年××月××日已经审核完毕，用时××小时；特向贵司提交留痕版合同、清洁版合同各一份。该合同中的违约责任对于贵司过于严苛，本着公平公正的原则以及司法实践进行了大量调整；合同附件与合同内容一致，未做调整。本次修改的主要内容如下：

1. 增加了合同1.5条，乙方不确认相关流程和事项时，我方单方有权解除合同。

2. 增加了合同5.4条，乙方当按照合同约定的时间、人员履行参与活动的义务。

3. 合同7.1条约定内容不清楚，请明确。

4. 鉴于艺人违约以及出现负面新闻的可能，增加了合同9.5条，艺人不得违法以及违反公序良俗的相关约定。

5. 对合同10.1、10.3、10.4、10.5、10.7等违约责任进行了大量调整，具体以合同文本为准。

6. 合同11.1增加了公共卫生事件为不可抗力。

7. 合同第12条管辖法院调整为××区人民法院。

以上内容，仅供参考。贵司如有任何疑问，请及时和我们联系以获解决。

八、"手把手"教你审查、修改合同

顺颂商祺!

××律师事务所

××律师

××××年××月××日

九、刑事案件代理精细化指引

（一）公安侦查阶段的代理

大部分犯罪嫌疑人被采取强制措施后，对法律和法治的状况都处于懵圈状态。无论是企业家还是个人，即使知道自己早晚会被带走，但当这一天真的到来时，自己和家属仍然是手足无措。初次接触家属时，家属一般会问律师在侦查阶段能做什么。刚入行的时候会觉得，侦查阶段除了会见提供不了其他帮助。这种想法其实是不对的，律师在侦查阶段能做的还有很多。除了会见、安抚嫌疑人外，律师可以向侦查机关申请取保候审、羁押必要性审查，可以与承办人沟通交流意见，也可以向检察院申请提交不予批捕的法律意见书、羁押必要性审查等。

九、刑事案件代理精细化指引

1. 侦查期限

公安机关侦查阶段办理案件期限一览表

办案机关	办理项目	适用范围		期限	法律规定
公安机关	提请批准逮捕	一般犯罪嫌疑人	一般情况	3日	《中华人民共和国刑事诉讼法》（以下简称《刑事诉讼法》）第九十一条
			特殊情况	延长1~4日	
		流窜、结伙、多次作案的		延长至30日	
检察院	批准逮捕	已经拘留的，检察院作出批准、不批准逮捕决定		7日	《刑事诉讼法》第九十一条
		未被拘留的	一般情况	15日	
			重大、复杂案件	20日	
公安机关	侦查取证	批捕后的羁押期限		两个月	《刑事诉讼法》第一百五十六条
		案情复杂、期限届满不能终结		延长一个月	
		1. 交通十分不便的边远地区的重大复杂案件； 2. 重大的犯罪集团案件； 3. 流窜作案的重大复杂案件； 4. 犯罪涉及面广，取证困难的重大复杂案件		延长两个月	《刑事诉讼法》第一百五十八条

续　表

办案机关	办理项目	适用范围	期限	法律规定
公安机关	侦查取证	对犯罪嫌疑人可能判处十年有期徒刑以上刑罚，依照本法第一百五十八条规定延长期限届满，仍不能侦查终结的，经省、自治区、直辖市人民检察院批准或者决定	延长两个月	《刑事诉讼法》第一百五十九条
		1. 在侦查期间，发现犯罪嫌疑人另有重要罪行的； 2. 犯罪嫌疑人不讲真实姓名、住址，身份不明的	重新计算	《刑事诉讼法》第一百五十六条
		因为特殊原因，在较长时间内不宜交付审判的特别重大复杂的案件，由最高人民检察院报请全国人民代表大会常务委员会批准延期审理		《刑事诉讼法》第一百五十七条

普通刑事案件的侦查期限为 97 天，但是重大刑事案件侦查期限可能长达 8 个月以上，甚至更久。近年来非法吸收公众存款类刑事案件，侦查期限长达 3 年左右，至一审开庭犯罪嫌疑人可能被羁押四五年左右。

2. 及时会见犯罪嫌疑人

（1）签署委托代理合同、准备会见手续

根据《刑事诉讼法》第三十四条"犯罪嫌疑人自被侦查机关第一次讯问或者采取强制措施之日起，有权委托辩护人；在侦查期间，只能委托律师作为辩护人"的规定，犯罪嫌疑人被采取强制措施即拘留或监视居住时起，可以委托律师。实践中，犯罪嫌疑人被侦查机关拘留24小时送往看守所羁押后律师即可向看守所预约会见。

律师在和家属就委托事宜洽谈一致后，须及时签署委托代理合同、授权委托书。代理期限可以约定"自即日起至侦查阶段结束"，也可以约定"自即日起至法院一审审结止"。两者的区别是约定至侦查阶段结束，意味着代理一个阶段，也即收取一个阶段的费用；如果是在侦查阶段介入案件，约定代理至一审审结，意味着收取侦查、审查起诉、法院一审三个阶段的费用。建议青年律师选择一次约定代理三个阶段，这样可以收取一笔三个阶段的代理费。需要提醒的是，应当结合案件复杂程度、自身情况以及律所的管理规定适当报价，不可过高，也不宜过低。比如犯罪嫌疑人只有一至两人的案件，单独一个阶段收取4万元代理费；若一次委托至一审结束，打包优惠后总价低至10万元，尽量促成案件。如果是涉众案件，建议按照阶段报价，而且审查起诉、法院审判阶段的费用都应当比侦查阶段高。原因是涉众案件侦查阶段除了会见时可能遇到同案影响会见外，和其他案件相比，不会增加律师太多的时间成本。普通的个案快则两三个月就判了，涉众案件整个代理周期比较长，也可能几年都无法开庭。在审查起诉阶段，涉众案件的卷宗可能会很多，少则十几卷，多则上千卷。审判阶段尤为明显，普通案件的庭审时长为几个小时或一个小时，而涉众案件开庭周期短则一两天、多则一个月，甚至更长。

(2) 准备会见手续

会见是律师高效获取案件信息的捷径。会见一般需要准备以下文件：①委托人签署且按指纹的授权委托书（委托书以各地律协的标准为准）。②委托人身份关系证明（户口簿、结婚证、派出所出具的亲属关系证明）。③委托人身份证复印件。④律师事务所出具的会见犯罪嫌疑人专用介绍信。⑤律师执业证原件及复印件。⑥侦查阶段空白授权委托书三份以上。见到犯罪嫌疑人后须重新签署授权委托书并按指纹（第一次会见后没有犯罪嫌疑人的指纹授权委托，看守所可能将不再安排会见）。⑦印泥一盒、签字笔一支。⑧空白 A4 纸或专门会见笔录一份。

律师会见笔录
(第一次)

时间：_____　　　　地点：_____

会见人（律）：_____　　记录人：_____

被会见人（被）：_____　身份证号：_____

律：你好，我是_____律师事务所_____律师，受_____的委托，为你涉嫌_____一案担任辩护人。你是否清楚并同意？

被：

律：请介绍一下你的基本情况（如姓名、别名、出生年月、民族、政治面貌、文化程度、职业、家庭情况、前科、与委托人的关系等）。

被：

律：被采取强制措施的时间和收到有关法律文书的时间？被采取强制措施的法律手续是否完备，程序是否合法？

被：

律：介绍一下你涉嫌案件的基本情况，为自己辩解的理由（是否参与以及怎样参与所涉嫌的案件；如果承认有罪，陈述涉及定罪量刑的事实和情节；如果认为无罪，陈述无罪的辩解）

被：

……（根据会见内容调整笔录页数）

律：你是否有从轻、减轻、免予处罚的事实、情节及线索？如有，请说明。

被：

律：你是否有被超期羁押及合法权益受侵害等情况发生，如有，请说明。

被：

律：你是否有需要律师调查核实的有关证据，如有，请说明。律师将依法为你调查、核实有关情况。

被：

律：你还有什么需要补充的吗？如有，请补充。

被：

律：请你核实笔录，如无误请逐页签字或捺手印确认，并在下面写上"以上内容我看过，和我说的相符"。

被：

被会见人签字：

会见人签字：

记录人签字：

年　　月　　日

（3）会见沟通

辩护律师会见时，应先自报身份、受谁委托。在征得嫌疑人同意担任其辩护人后，及时了解案情；结合案情为嫌疑人提供相关咨询。

辩护律师可以向犯罪嫌疑人提供程序上的法律咨询，告知我国有关刑事案件侦查管辖的法律规定，强制措施的条件、期限，适用程序的法律规定；有关侦查人员、检察人员及审判人员回避的法律规定；犯罪嫌疑人对侦查人员的提问有如实回答的义务，但被迫之下有权拒绝作出对自己不利的供述，对与本案无关的问题有拒绝回答的权利；犯罪嫌疑人有要求自行书写供述和辩解的权利，对侦查人员制作的讯问笔录有核对、补充、改正、附加说明的权利以及在承认笔录没有错误后应当签名或盖章的义务；犯罪嫌疑人享有侦查机关将用作证据的鉴定结论向他告知的权利及可以申请补充鉴定或者重新鉴定的权利；犯罪嫌疑人对侵犯自己人身权和财产权的违法办案行为享有申诉权和控告权，并可以委托律师代为申诉、控告。

辩护律师也可以向嫌疑人提供实体问题的法律咨询，告知我国刑法关于犯罪嫌疑人所涉嫌罪名的构成要件、量刑档次；我国刑法关于自首、立功、认罪认罚及其他量刑情节的法律规定等。

会见结束时，告知嫌疑人其家人的情况以及对他的关心和担忧；询问其是否有话带给家人，是否需要存钱、存衣物等。但不能传递案情或者违反法律规定、律师执业规范的话或信件，更不能传递经济线索比如银行卡密码、支付宝密码等。

第二次及以后的会见，可以使用简化版的会见笔录。为避免出现妨碍作证、伪证等执业风险，建议每次会见都做会见笔录，并让犯罪嫌疑人在会见笔录尾页签署"以上笔录我看过，和我说的相符"及逐页签名。

律师会见笔录

（第___次）

时间：_____　　地点：_____

会见人：_____　　记录人：_____

被会见人：_____　　身份证号：_____

（以下会见笔录中会见人简称"律"，被会见人简称"被"）

律：您近期状况如何？

被：

律：侦查机关有没有来讯问过您？如果有，大致讲一下讯问内容。

被：

律：针对侦查机关重点关注的问题，您有什么辩解？

被：

律：你是否有需要律师调查核实的有关证据，如有，请说明，律师将依法为你调查、核实有关情况。

被：

……

律：你还有什么需要补充的吗？如有，请补充。

被：

律：请你核实笔录，如无误请逐页签字或捺手印确认，并在下面签上"以上笔录内容我看过，和我说的相符"。

被：

被会见人签字：

会见人签字：

记录人签字：

关于侦查阶段会见犯罪嫌疑人的次数，根据案情、收费情况以及和委托人的约定进行。建议在委托代理合同中明确约定每个阶段的会见次数（可约定3次或4次），会见次数用尽后按照每次×元支付单次会见费用。否则，遇到委托人或家属要求每周会见一次或每周会见两次的情况，容易发生纠纷且多次会见会占用承办律师的大量时间。当然，承办律师一个阶段收取几十万元或者上百万元代理费的案件除外。

3. 向公安机关提交取保候审申请书

取保候审办理成功须符合《刑事诉讼法》第六十七条"人

民法院、人民检察院和公安机关对有下列情形之一的犯罪嫌疑人、被告人，可以取保候审：（一）可能判处管制、拘役或者独立适用附加刑的；（二）可能判处有期徒刑以上刑罚，采取取保候审不致发生社会危险性的；（三）患有严重疾病、生活不能自理，怀孕或者正在哺乳自己婴儿的妇女，采取取保候审不致发生社会危险性的；（四）羁押期限届满，案件尚未办结，需要采取取保候审的"规定。

一般来说，可能判处三年以下有期徒刑（轻罪）或可能判决无罪的案件，办理取保候审成功的可能性较大。关于取保候审申请书的事实与理由，起草时务必慎重。起草取保候审申请书时，须结合会见了解的事实展开。除无罪观点外，辩护人轻易不要给案件定性。辩护人发表无罪观点以后，可以同时发表罪轻的观点，这种"骑墙式"辩护意见，并不违反法律的规定，也会得到侦查机关的认同。若犯罪嫌疑人自愿认罪认罚，可以作为取保候审申请书的理由之一。若犯罪嫌疑人患有某种疾病，虽然不属于不适宜羁押的疾病，但在"保外就医严重疾病范围"内，可作为取保候审申请书的理由之一，并提供相关病历、诊断证明等作为附件。在取保候审申请书的结尾，也可以简单陈述犯罪嫌疑人的家庭情况。

取保候审提交的时机，须根据案件的具体情况以及侦查机关的办理进度来确定。《刑事诉讼法》第九十一条关于公安机关报检察院批捕期限的规定，即我们常说的"黄金三十七天"。对于复杂案件，建议犯罪嫌疑人被羁押二十四天左右提交取保候审申请书。对于简单案件，在公安机关报捕前提交。就笔者个人经验而言，犯罪嫌疑人刚被拘留后立刻向公安机关提交取保候审申请，公安机关不同意变更的可能性较大。在侦查阶段、审查起诉阶段、法院一审阶段，律师均可以提交取保候审申请书。律师提交取保候审申请不受次数限制，即在办案机关不同意变更强制措施后，仍然可以再次提交取保候审申请书。

根据《刑事诉讼法》第九十七条的规定，公安机关收到取保候审申请书后，应当在三日内决定是否同意变更强制措施。若公安机关同意变更强制措施为取保候审，则会出具"取保候审决定书"；若不同意变更，则会出具"不予变更强制措施通知书"。

关于涉嫌帮助信息网络犯罪活动罪犯罪嫌疑人罗某的取保候审申请书

申请人：刘某，系罗某的辩护人，××律师事务所律师，地址为××，律师证号：××，联系电话：××。

被申请人：罗某，男，汉族，××××年××月××日生，住××，身份证号：××，现被羁押在××看守所。

申请事项：恳请贵局依法对涉嫌帮助信息网络犯罪活动罪的犯罪嫌疑人罗某变更强制措施、准予取保候审。

事实与理由：

犯罪嫌疑人罗某因涉嫌帮助信息网络犯罪活动罪，于××××年××月××日被××公安局拘留，现羁押于××看守所。申请人受被申请人及其父亲罗××的委托，为罗某提出取保候审申请，申请人的父亲罗××愿依法为罗某提供保证人和缴纳保证金。

根据《中华人民共和国刑事诉讼法》第六十七条的规定，犯罪嫌疑人罗某符合取保候审的条件，事实和理由如下：

一、罗某仅仅是介绍宋某和李某认识，罗某和宋某、李某之间没有共同的犯罪故意和共同的犯罪行为，罗某不清楚李某购买银行卡的实际用途，罗某从始至终未收取任何费用，罗某或不构成帮助信息网络犯罪活动罪

（一）……

（二）……

二、××××年××月罗某介绍宋某、李某办卡只有1个月，李某的犯罪行为或没有给社会造成极大的危害性，罗某介绍办卡的行为，其主观恶性较小、社会危害性较小

（一）……

（二）……

三、罗某没有固定的收入和工作，其家庭极其贫困；年纪仅有22岁的罗某肩负着照料弟弟妹妹以及配偶、女儿的重任；罗某文化程度不高、缺乏社会经验、法律意识淡薄。即便罗某构成犯罪，也存在检察院不起诉或人民法院判决缓刑的可能，对其取保候审无任何社会危险性

……

根据《中华人民共和国刑事诉讼法》第六十七条的规定，只要对犯罪嫌疑人和被告人采取取保候审不致发生社会危险的，都可以变更强制措施为取保候审。

综上所述，恳请贵局依法对涉嫌帮助信息网络犯罪活动罪的犯罪嫌疑人罗某变更强制措施、准予取保候审。

此致

××公安局

申请人：

年　　月　　日

前述取保候审申请书起草完毕后，辩护人应将代理手续、取保候审申请书一并提交至办案民警或办案民警所属分局的法制处。此时，若能见到办案民警，尽量当面陈述相关法律意见。若犯罪嫌疑人确实不构成犯罪，提交取保候审申请书的同时，可以一并将案件情况以《关于××不构成犯罪的紧急情况反映》的形式提交给分局领导或上级领导。有同行觉得向上级机关提交情况反映是信访行为，容易被办案机关投诉，其实大可不必有此顾虑。受人之托，忠人之事，若代理案件确实存在问题，吾辈律师当穷尽法律手段维护其合法权益。

律师是犯罪嫌疑人最后的希望，不要怕麻烦或觉得办案机关同意变更强制措施的可能性低就不去提交取保候审申请书。我们只有全力以赴，不放过任何一种可能，才不会辜负那些在艰难时刻与我们相遇的人。

4. 向检察院提交不批准逮捕的法律意见书

《刑事诉讼法》第九十一条规定："公安机关对被拘留的人，认为需要逮捕的，应当在拘留后的三日以内，提请人民检察院审查批准。在特殊情况下，提请审查批准的时间可以延长一日至四日。对于流窜作案、多次作案、结伙作案的重大嫌疑分子，提请审查批准的时间可以延长至三十日。人民检察院应当自接到公安机关提请批准逮捕书后的七日以内,作出批准逮捕或者不批准逮捕的决定。人民检察院不批准逮捕的,公安机关应当在接到通知后立即释放,并且将执行情况及时通知人民检察院。对于需要继续侦查,并且符合取保候审、监视居住条件的,依法取保候审或者监视居住。"

"黄金三十七天"即源于《刑事诉讼法》的该条规定,若检察院决定不批捕,则公安机关应当变更羁押措施为取保候审。在公安机关向检察院提交批捕后,检察院有7天的审查期限决定是否批捕,律师可在犯罪嫌疑人被采取强制措施的第33天左右向检察院案管或承办检察官提交"不批准逮捕的法律意见书"。若承办检察官愿意当面听取律师意见,尽量当面交换意见。

不批准逮捕的法律意见书

申请人:刘××,××律师事务所律师,地址:××,电话××。

被申请人:王××,女,汉族,××××年××月××日生,住××,身份证号:××。

申请事项:恳请贵院依法对涉嫌诈骗罪的犯罪嫌疑人王××作出不批准逮捕的决定。

事实与理由:

犯罪嫌疑人王××因涉嫌诈骗罪,于××××年××月××日被××分局拘留,现羁押于××看守所。

申请人受被申请人及其母亲××的委托,向贵院提交不予批捕的法律意见书。事实和理由如下：

一、王××为涉案企业的实习人员，入职该公司不到3个月，从事健康管理师的招生工作；该业务是合法业务，王××或可能不构成诈骗罪

（一）……

（二）……

二、王××不知道案涉业务的具体内容、未接触过实际业务，其取得的收入系合法的劳动所得，不是诈骗所得；即便认定王某某构成犯罪，其也系从犯，且犯罪情节轻微

（一）……

（二）……

三、王××患有重度抑郁症、有自杀倾向，已不适宜继续羁押

（一）……

（二）……

《人民检察院刑事诉讼规则》第一百四十条规定，犯罪嫌疑人涉嫌的罪行较轻，且没有其他重大犯罪嫌疑，可以作出不批准逮捕或者不予逮捕的决定。根据该条规定，准予对患有严重疾病的王××不批准逮捕，不致发生社会危险性。

犯罪嫌疑人王××涉嫌诈骗罪，存在判决无罪的可能。退一步讲，即便认定为犯罪，因其犯罪情节轻微、涉案金额小、主观恶性小等存在检察院不起诉、人民法院判决缓刑的可能。

综上所述，恳请贵院依法对王××作出不批准逮捕的决定。

此致

××区人民检察院

　　　　　　　　　　　　　申请人：
　　　　　　　　　　　　　　年　月　日

5. 申请羁押必要性审查

《人民检察院公安机关羁押必要性审查、评估工作规定》第七条规定："人民检察院、公安机关发现犯罪嫌疑人、被告人可能存在下列情形之一的，应当立即开展羁押必要性审查、评估并及时作出审查、评估决定：（一）因患有严重疾病、生活不能自理等原因不适宜继续羁押的；（二）怀孕或者正在哺乳自己婴儿的妇女；（三）系未成年人的唯一抚养人；（四）系生活不能自理的人的唯一扶养人；（五）继续羁押犯罪嫌疑人、被告人，羁押期限将超过依法可能判处的刑期的；（六）案件事实、情节或者法律、司法解释发生变化，可能导致犯罪嫌疑人、被告人被判处拘役、管制、独立适用附加刑、免予刑事处罚或者判决无罪的；（七）案件证据发生重大变化，可能导致没有证据证明有犯罪事实或者犯罪行为系犯罪嫌疑人、被告人所为的；（八）存在其他对犯罪嫌疑人、被告人采取羁押强制措施不当情形，应当及时撤销或者变更的。"

该规定以罗列方式明确了应当进行羁押必要性审查的具体情形，犯罪嫌疑人有上述情形之一时，即应当开展羁押必要性审查。该规定给律师申请羁押必要性审查提供了依据和制度保障。该规定明确了对可能判处三年有期徒刑以下刑罚的犯罪嫌疑人，检察机关在审查起诉阶段至少应当开展一次羁押必要性审查；同时规定，公安机关根据案件侦查情况，可以对被逮捕的犯罪嫌疑人继续采取羁押强制措施是否适当进行评估。

羁押必要性审查的提请主体一般是犯罪嫌疑人、被告人及其法定代理人、近亲属或者辩护人、值班律师，该规定的另一个亮点是第十一条明确了看守所也可以提请羁押必要性审查。

羁押必要性审查的提请时间，一般是批捕后的公安侦查阶段，或检察院审查起诉前。在批捕后的公安侦查阶段，既可以向公安机关提请，也可以向检察院提请。羁押必要性审查的提请次数，不受限制；若没有新情形出现，无须多次提请。

羁押必要性审查申请书的内容，与取保候审申请书大同小异。但羁押必要性审查的情形，比取保候审的情形扩大了。

羁押必要性审查申请书

申请人：刘××，系李××的辩护人，××律师事务所律师，律师证号：××，住所：××，电话：××。

被申请人：李××，男，汉族，××××年××月××日生，身份证号：××，现因涉嫌故意伤害罪被羁押在××看守所。

申请事项：恳请贵院对涉故意伤害罪的李××进行羁押必要性审查。

事实和理由：

一、李××与王××之间发生故意伤害的行为，系王××欠债不还、酒后出言骂人引发，王××存在一定的过错；本案造成王××轻伤二级，情节轻微、社会危害性不大

（一）……

（二）……

二、李××案发后主动接受公安讯问，系自首；到案后，如实供述案情，系坦白，应当从宽量刑

（一）……

（二）……

三、李××自愿认罪认罚、真诚悔罪，且积极主动赔偿了王××，依法应当从宽量刑

（一）……

（二）……

四、李××系偶犯、初犯，对其变更强制措施无社会危险性

（一）……

（二）……

五、对李××进行羁押必要性审查，符合《人民检察院公安机关羁押必要性审查、评估工作规定》第七条的规定

（一）……

（二）……

综上所述，李××对王××故意伤害的行为社会危害性不大、李××具有自首、坦白等从宽情节，且积极赔偿受害人，取得了受害人的谅解。因此，对李××进行羁押必要性审查，有利于保障犯罪嫌疑人的合法权益，有利于改变羁押率居高不下的局面，防止错误羁押、不当羁押，有利于节约司法成本和诉讼资源，有利于促进宽严相济刑事司法政策和少捕慎捕理念的落实。

此致

××区人民检察院

　　　　　　　　李××的辩护人：

　　　　　　　　　　　　年　　月　　日

6. 调查取证

律师的调查取证权的直接依据是《中华人民共和国律师法》第三十五条第二款"律师自行调查取证的,凭律师执业证书和律师事务所证明,可以向有关单位或者个人调查与承办法律事务有关的情况"的规定。

律师调查取证权的间接依据是《刑事诉讼法》第四十二条"辩护人收集的有关犯罪嫌疑人不在犯罪现场、未达到刑事责任年龄、属于依法不负刑事责任的精神病人的证据,应当及时告知公安机关、人民检察院"和第四十三条"辩护律师经证人或者其他有关单位和个人同意,可以向他们收集与本案有关的材料,也可以申请人民检察院、人民法院收集、调取证据,或者申请人民法院通知证人出庭作证。辩护律师经人民检察院或者人民法院许可,并且经被害人或者其近亲属、被害人提供的证人同意,可以向他们收集与本案有关的材料"的规定。

虽然我国《刑事诉讼法》没有直接规定律师的调查取证权,但可以找到律师调查取证的权利依据。在侦查阶段,若取得犯罪嫌疑人罪轻、无罪或未达到刑事责任年龄的案件材料,辩护人有权告知公安机关。在确保前述案件材料不是伪造的前提下,也可由辩护人提交至公安机关。基于经验且考虑到证人的不稳定性、反复性,律师很少直接向证人或受害人收集案件材料。

律师调查取证的范围，一般为犯罪嫌疑人刑事责任年龄、犯罪嫌疑人精神状况方面、犯罪嫌疑人不在场证据、自首、立功、罪轻等方面的案件材料。

律师调查取证，应当严格按照《律师办理刑事案件规范》的规定进行。根据律发通〔2017〕51号《律师办理刑事案件规范》第四十条的规定，辩护律师调查、收集与案件有关的证据材料，应当持律师事务所证明，出示律师执业证书，一般由两人进行。《律师办理刑事案件规范》第四十二条、第四十三条也规定了调查笔录的制作规范，调查笔录应当载明调查人、被调查人、记录人的姓名，调查的时间、地点，被调查人的身份信息，证人如实作证的要求，作伪证或隐匿罪证应当负法律责任的说明以及被调查事项等。辩护律师制作调查笔录，应当客观、准确地记录调查内容，并经被调查人核对。被调查人如有修改、补充，应当由其在修改处签字、盖章或者捺指印确认。调查笔录经被调查人核对后，应当由其在笔录上逐页签名并在末页签署记录无误的意见。

调查取证申请书

申请人：刘××，系李××的辩护人，××律师事务所律师，律师证号：××，住所：××，电话：××。

申请事项：请求许可调查取证。

事实和理由：

作为犯罪嫌疑人李××的辩护人，因案情需要，拟向被害人收集与本案有关的材料，根据《中华人民共和国刑事诉讼法》第四十三条的规定，特此申请，请予许可。

此致
××区公安局

申请人：××律师事务所
××律师
年　　月　　日

（二）检察院审查起诉阶段的代理

当普通的刑事案件进入审查起诉阶段时，律师的工作量就会陡然增加。律师除了会见外，还需要抽出大量的时间进行阅卷、向犯罪嫌疑人核实证据，根据案情提请羁押必要性审查，与承办人沟通意见争取撤诉、不起诉或完成认罪认罚具结等。

九、刑事案件代理精细化指引

1. 审查起诉的期限

审查起诉阶段办案期限一览表

办案单位	办理项目	适用范围		办理期限	法律依据
检察院	审查起诉	公安机关移送审查起诉的案件	符合速裁的案件	10~15日	《刑事诉讼法》第一百七十二条
			一般案件	一个月	
			重大、复杂案件	延长15日	
		改变管辖的,从改变后收案之日		重新计算	
检察院	审查起诉	第一次补充侦查		一个月	《刑事诉讼法》第一百七十五条
检察院	审查起诉	第一次补充侦查后移送	一般情况	一个月	
			延长期限	15日	
公安机关	补充侦查	第二次补充侦查		一个月	
检察院	审查起诉	第二次补充侦查后移送	一般情况	一个月	
			延长期限	15日	

公安机关一般有三次申请延期侦查的权利,而检察院有两次退回补充侦查的权利,这就是所谓的"三延两退"。

2. 及时办理委托手续

（1）持续性委托的案件

侦查阶段一次性打包委托三个阶段的案件,进入审查起诉阶段后,须向检察院提交新的授权手续。

（2）新承接的案件

新承接的案件有两种，一种是普通刑事案件，另一种是贪污、受贿类等职务犯罪案件。审查起诉阶段承接的刑事案件在第一次结束后应尽快向检察院提交代理手续。

贪污、受贿类案件在监委留置侦查期间，律师不得会见。根据《中华人民共和国监察法》（以下简称《监察法》）第四十三条的规定："留置时间一般不得超过三个月；特殊情况可以延长一次，延长期限不得超过三个月。"基于此，留置期间最长为6个月。因《监察法》没有规定家属或被留置人员可以聘请辩护人，所以留置期间允许律师会见缺乏法律依据。留置期限届满后，案件移送检察院审查起诉时，家属可以聘请辩护人。因此，此类案件家属一般会在审查起诉阶段、法院审判阶段委托辩护人。

根据《刑事诉讼法》第一百七十条"对于监察机关移送起诉的已采取留置措施的案件，人民检察院应当对犯罪嫌疑人先行拘留，留置措施自动解除。人民检察院应当在拘留后的十日以内作出是否逮捕、取保候审或者监视居住的决定。在特殊情况下，决定的时间可以延长一日至四日"的规定，辩护人可以在涉嫌贪污罪、受贿罪被留置的犯罪嫌疑人被拘留后的10日内，向检察院申请取保候审、或提交不予批准逮捕的法律意见书。

（3）委托手续、会见手续的办理

委托手续、会见手续的办理需按照侦查阶段提交的相关手续办理要求执行。辩护人在会见犯罪嫌疑人后，可持有犯罪嫌疑人签署的委托书向检察院提交辩护手续，并申请阅卷。

根据《刑事诉讼法》第四十条"辩护律师自人民检察院对案件审查起诉之日起，可以查阅、摘抄、复制本案的案卷材料。其他辩护人经人民法院、人民检察院许可，也可以查阅、摘抄、复制上述材料"的规定，当案件进入检察院审查起诉之日时，辩护人即可申请阅卷。

我国大部分检察院已经实现了在12309平台上申请网上阅卷。个别地区有自己的检务App，辩护人可在指定App上提交辩护材料、申请阅卷等。前往检察院之前建议提前和案管沟通好阅卷的时间、阅卷的方式、是否需要携带光盘或硬盘等。

3. 阅卷关注的主要内容

阅卷是辩护人高效获取案件事实的有效途径。辩护律师应当认真研读全部案卷材料，根据案情需要制作阅卷笔录。阅卷时应当重点了解以下事项：①犯罪嫌疑人、被告人的个人信息等基本情况；②犯罪嫌疑人、被告人被认定涉嫌或被指控犯罪的时间、地点、动机、目的、手段、后果及其他可能影响定罪量刑的法定、酌定情节等；③犯罪嫌疑人、被告人无罪、罪轻的事实和材料；④证人、鉴定人、勘验检查笔录制作人的身份、资质或资格等相关情况；⑤被害人的个人信息等基本情况；⑥侦查、审查起诉期间的法律手续和诉讼文书是否合法、齐备；⑦鉴定材料的来源、鉴定意见及理由、鉴定机构是否具有鉴定资格等；⑧同案犯罪嫌疑人、被告人的有关情况；⑨证据的真实性、合法性和关联性，证据之间的矛盾与疑点；⑩证据能否证明起诉意见书、起诉书所认定涉嫌或指控的犯罪事实；⑪是否存在非法取证的情况；⑫未成年人刑事案件，在被讯问时法定代理人或合适成年人是否在场；⑬涉案财物查封、扣押、冻结和移送的情况；⑭其他与案件有关的情况。

4. 阅卷的方法及成果呈现

辩护人阅卷的目的是找出对犯罪嫌疑人有利的点和证据。公诉人审查起诉，是根据在案卷材料里找到的定罪依据。代理民事案件的律师常说"打官司，就是打证据"，刑事案件亦是如此。因此，阅卷是刑事辩护工作尤为重要的一环。刑事案件卷宗少则三四卷，非法吸收公众存款罪等案件的卷宗多则上千卷，在浩如烟海的证据材料里，找到我们有利于嫌疑人的材料，需要"三心"即耐心、细心、专心。辩护人的时间是宝贵的，精力也是有限的。为了避免遗忘以及审判阶段重复本阶段的阅卷工作，需要以阅卷笔录、案件大事记、分类列表等方式将证据材料进行呈现。

（1）阅卷的方法之初步了解，快速阅读

刑事卷宗一般是程序卷和证据卷两类。阅卷最简单、最有效的方法是先阅读程序证据材料，后阅读实体证据材料。快速浏览一遍全部卷宗，重点截图留存编入阅卷笔录。

程序卷宗一般有报案记录、立案审批表、破案经过、拘留通知、报捕和批准逮捕的决定、逮捕通知、扣押清单、鉴定委托手续、办案说明、公安起草的起诉意见书、律师辩护手续等。程序卷宗阅卷时应重点关注犯罪嫌疑人的基本信息，比如年龄是否达到刑事责任年龄以及案件来源中的案发时间、案发经过等与证据卷记载是否一致、扣押物品是否准确、扣押手续是否合法、犯罪嫌疑人是主动到案还是抓捕归案（若系侦查机关电话通知犯罪嫌疑人到指定地点接受调查亦构成自首）、鉴定委托主体是否合法、鉴定单位是否有相应资质等。

证据卷宗一般有犯罪嫌疑人讯问笔录、证人询问笔录、受害人询问笔录、勘验笔录、司法鉴定法律意见书、其他书证等证据材料。多数刑事案件为电子卷宗，都打印出来进行阅卷成本高昂、不切实际。我们可以利用办公软件截图制作阅卷笔录。第一次阅卷的笔录越详细越好，不要对自己的记忆力过于自信，否则可能须重复阅卷。

（2）阅卷的方法之深入了解，分类制表

1）案件大事记法

案件大事记即时序法，主要内容依次是犯罪起始时间、案发经过、报案经过、受害人陈述的情况及主要内容、犯罪嫌疑人的讯问情况及主要内容、证人的询问情况及主要内容、其他书证的形成时间及主要内容。案件大事记，如同讲故事一般，让读者以较短的时间了解案件的全貌。

王××涉嫌骗取贷款、票据承兑案大事记暨程序卷阅卷笔录

一、接受案件登记表（第1页）

20××年××月××日××银行股份有限公司的员工李某在××公安局经侦支队报案。

报案具体内容：……

二、××省公安厅指定××市公安局管辖（第2-3页）

三、××市公安局立案决定书（第4页）

20××年××月××日×公（经）立字［20××］××号立案决定书，根据《刑事诉讼法》第一百一十条规定，决定对王××涉嫌贷款诈骗案立案侦查。

四、王××拘留证（第5页）

20××年××月××日×公（经）拘字［20××］××号拘留证：根据《刑事诉讼法》第八十条，决定对犯罪嫌疑人王××，性别女，××××年××月××日生，住××，执行拘留，送××看守所羁押。王××于20××年××月××日被送至××市看守所。

五、刘××拘留证（第6页）

20××年××月××日×公（经）拘字［20××］××号拘留证决定对犯罪嫌疑人刘××执行拘留。

六、拘留通知书（第7页）

20××年××月××日公安机关将王××被刑事拘留信息通知被拘留人家属。

七、王××变更羁押期限通知书（第8页）

20××年××月××日×公（经）变字［20××］××号变更羁押期限通知书，经××市公安局批准，延长对王××的羁押期限，现羁押期限自20××年10月21日至20××年11月19日。

八、周××取保候审决定书（第9-10页）

20××年××月××日×公（经）取保字［20××］××号，决定对犯罪嫌疑人周××取保候审。

九、王××提请批准逮捕书、逮捕决定书、逮捕证、逮捕通知书（第11-15页）

20××年××月××日×市公（经）提捕字［20××］××号提请批准逮捕书。

×市检侦监批捕［20××］××号批准逮捕决定书，对王××依法执行逮捕。

20××年××月××日×公（经）捕字［20××］××号逮捕证，将王××送往××市看守所羁押。

十、提请批准延长侦查羁押期限意见书、决定书（第16-17页）

20××年××月××日×公（经）提延字［20××］1号提请延期羁押王××一个月。

20××年××月××日×检侦监准延［20××］××号批准延长侦查羁押期限决定书，批准对王××延长羁押期限一个月。

十一、××市公安局起诉意见书（第18-22页）

20××年××月××日×（经）诉字［20××］××号起诉意见书内容：

1. 犯罪嫌疑人王××信息……

违法犯罪经历：……

2. 犯罪嫌疑人周××因涉嫌骗取贷款、票据承兑罪，于20××年××月××日被我局取保候审。

经依法侦查查明，犯罪嫌疑人王××、周××有下列犯罪事实：……

王××涉嫌骗取贷款、票据承兑案大事记暨证据材料卷阅卷笔录

案件名称：王××骗取贷款、票据承兑案

案件编号：……

犯罪嫌疑人：王××、周××、刘××

卷册数量：共计120卷

立案时间：20××年××月××日

结案时间：20××年××月××日

立卷单位：××市公安局经侦支队

第一卷

一、王××被抓捕经过（第8页）

20××年××月××日××时，××市公安局经侦支队民警在××酒店将犯罪嫌疑人王××抓获。

二、周××自首经过（第9页）

20××年××月××日10时许，经电话通知，周××到×市公安局主动接受调查。

三、王××提讯证（第10页）

自20××年××月××日至20××年××月××日，王××共计被提讯×次。

四、××银行股份有限公司控告骗取银行贷款材料（第13-27页）

……

五、王××讯问笔录汇总（第28-40页）

......

六、周××讯问笔录汇总（第 41-60 页）

......

七、证人询问笔录（第 61-84 页）

......

八、调取案涉企业档案登记资料（第 85-185 页）

......

2）分类制表法

分类制表法，可以根据证据材料的种类列表，比如口供列表、证人证言列表；多个被告人的案件，可以采用一人一表的方法。通过将证据材料分类制表的方法，找出证据之间矛盾的地方并在法庭上呈现。

骗取银行贷款案制作虚假贷款材料争议焦点归纳表

被讯问人	卷宗索引	制作、指导虚假贷款材料	卷宗索引	贷款的发起、使用和支配
王××	第 2 卷第 10 页	王××和周××是资金部的主要负责人，与王××是合作关系	第 2 卷第 24 页，第 2 卷第 25 页	周××有权决定贷款去向。对银行有负债的，有权调配

续 表

被讯问人	卷宗索引	制作、指导虚假贷款材料	卷宗索引	贷款的发起、使用和支配
周××	第2卷第83页	员工刘××参与制作财务报表等	第2卷第87页	王××发起和组织贷款
	第2卷第90、91、97页	周××否认指导刘××制作虚假贷款材料	第2卷第96页	贷款方案须王××同意
	第2卷第96页	刘××制作贷款材料		
	第2卷第97、98页	员工刘××制作虚假贷款材料,周××没有参与		
……	……	……	……	……

通过列表的方法对多名犯罪嫌疑人的供述进行对比,找出矛盾点,寻找有利于己方委托人的辩点。

骗取贷款案相关公司证人证言列表

证人姓名	证人职务	卷宗索引	证言内容	备注
马××	原副总经理	第5卷第2页	融资部由周××负责,底下刘××执行相关方案	
徐××	原公司土建部主任	第6卷第10页	周××、刘××都在融资部,具体负责银行贷款工作	

九、刑事案件代理精细化指引

续　表

证人姓名	证人职务	卷宗索引	证言内容	备注
张××	原公司知识产权部主任	第20卷第15页	周××、刘××都在融资部，具体负责银行贷款工作	
李××	原办公室主任兼法务经理	第28卷第20页	对资金运作情况不清楚	
……	……	……	……	……

对证人证言进行列表汇总，将证言内容及矛盾的地方准确地进行展示，攻破公诉人的证据体系。若证人证言均对己方委托人不利，可不进行展示。

证人刘××辨认的其参与制作虚假贷款材料列表

材料名称	卷宗索引	材料内容	辨认及制作人	提交对象
1. 销售合同	第69卷第5页	合同编号：20210908	刘××	京海银行
2. 纳税证明	第69卷第6页	不确定是谁制作	刘××	京海银行
3. 资产负债表	弟69卷第8页	圈处部分为真实数据	刘××	京海银行
4. 利润及利润分配表	第69卷第9页	圈处部分为真实数据	刘××	京深银行
5. 公司报表	第69卷第15页		刘××	京深银行

续 表

材料名称	卷宗索引	材料内容	辨认及制作人	提交对象
……	……	……	……	……
通过对证人辨认笔录的列表统计，证人刘××参与制作的虚假贷款材料共计60份，无一份材料是周××制作的				

每个刑事案件都有其特殊性，阅卷的方法可能多种多样，不再一一列举。为了达到更好的庭审效果，如果法庭允许，建议将我们的阅卷笔录、证人证言列表等工作成果提交给法官和公诉人。让公诉人和法官知道其证据链存在问题，进而影响裁判结果。

5. 阅卷完毕后及时会见、核实证据

审查起诉阶段，辩护人的工作重点是阅卷。阅卷结束后，应当及时会见犯罪嫌疑人，向其核实相关事实和证据。有的看守所允许辩护人携带电脑会见，有的不允许携带电脑。基于这个原因，会见前应当准备好纸质的阅卷笔录或卷宗以备用。

在看到卷宗之前，辩护人获得的全部案件信息均来源于犯罪嫌疑人的个人主观陈述。其陈述可能与卷宗中讯问笔录冲突或存在不一致的地方，应要求其进行合理解释。

结合已有的证据材料，辩护人应向犯罪嫌疑人告知其行为罪与非罪、涉嫌罪名、量刑幅度等问题，以及共同商定辩护策略。若现有证据不足以证明犯罪嫌疑人构成犯罪，但犯罪嫌疑人坚持认罪认罚的，辩护人可解除委托代理或做好会见笔录，且在笔录中明确告知其不构成犯罪，系其要求辩护人做有罪辩护。若现有证据足以证明犯罪嫌疑人构成犯罪的，犯罪嫌疑人

坚持做无罪辩护的，辩护人应告知无罪辩护的后果即可能加重刑期。现有证据足以证明犯罪嫌疑人构成犯罪的，其愿意认罪认罚的，辩护人应当告知其认罪认罚的后果，并积极和检察院沟通刑期、罚金等，尽量将刑期、罚金降到最低。

6. 向检察院提交法律意见书

阅卷完毕后，辩护人可以根据在案证据材料就犯罪嫌疑人罪与非罪、此罪与彼罪、罪责轻重、量刑等问题向检察院提交书面的法律意见书。

（1）不起诉的法律意见书

《刑事诉讼法》第一百七十七条规定："犯罪嫌疑人没有犯罪事实，或者符合本法第十六条规定的情形之一的，人民检察院应当作出提出不起诉的决定。"

《刑事诉讼法》第七十五条规定，审查起诉期间，辩护律师认为犯罪嫌疑人犯罪情节轻微，依照刑法规定不需要判处刑罚或者免除刑罚的，应当向检察机关提出不起诉的意见。

《刑事诉讼法》第七十六条规定，审查起诉期间，对于经一次或二次补充侦查的案件，辩护律师认为证据不足，不符合起诉条件的，应当向检察机关提出不起诉的意见。

根据《刑事诉讼法》的前述规定，辩护人可以提交的不起诉法律意见大致为三类：没有犯罪事实不起诉、犯罪情节轻微不起诉和证据不足不起诉。不起诉法律意见书需以客观事实和在案证据材料为主，从事实、证据、法理、情理、犯罪情节、社会危害性等方面评价犯罪嫌疑人的行为是否构成犯罪。

关于涉嫌贩卖毒品罪/销售有毒有害食品罪刘××不起诉的法律意见书

××人民检察院：

××律师事务所受刘××的委托，指派郑××律师担任刘××的辩护人。辩护人通过阅卷及与刘××沟通，认为现有证据材料不足以证实刘××构成贩卖毒品罪或销售有毒有害食品罪，现特向贵院提交对犯罪嫌疑人刘××不起诉的法律意见书。

一、刘××不知道其食用和出售的减肥产品中含有违禁药物，刘××购买减肥产品的目的是减肥，不是为了贩卖毒品获利。因此，刘××没有贩卖毒品的故意和行为，其不构成贩卖毒品罪

贩卖毒品罪，要求行为人必须认识到自己贩卖的是毒品；行为人没有认识到其行为对象是毒品，则不构成贩卖毒品罪。案涉减肥产品虽含有部分违禁药物，但不能将减肥产品直接等同于毒品。

......

二、刘××自己食用案涉减肥产品，刘××不知道案涉减肥产品系有毒有害食品。从常理、情理的角度，若刘××知道案涉减肥产品系有毒有害食品，则不可能自己食用。在案证据未达到《刑事诉讼法》规定的"确实、充分"的证明标准，不足以证实刘××构成销售有毒有害食品罪

......

三、退一步讲，即便刘××构成销售有毒有害食品罪，其犯罪情节显著轻微、社会危害性不大，贵院也应作出不起诉的决定

刘××获利较少，仅5000元左右；受害人较少，仅有2人；案涉减肥产品没有通过刘××流向社会不特定多数人、社会危害性较小。

……

综上所述，刘××不构成贩卖毒品罪，也不构成销售有毒有害食品罪，恳请贵院结合案件事实和证据对刘××作出不起诉的决定。

刘××的辩护人：

年　　月　　日

（2）罪名、量刑的法律意见书

现有证据足以证明犯罪嫌疑人构成犯罪时，辩护人应当根据犯罪嫌疑人是构成此罪还是彼罪，是否具有自首、立功，是否系主犯或从犯，是否认罪认罚等向检察院提交关于罪名、量刑方面的法律意见书。

关于恳请对涉嫌诈骗罪的刘××提出判处三年以下有期徒刑并适用缓刑量刑建议的法律意见书

××区人民法院：

××律师事务所受刘××委托，指派郑××律师担任其涉嫌诈骗罪一案的辩护人。经阅卷及结合本案退赔、谅解等情况，辩护人对犯罪嫌疑人涉嫌的罪名和事实没有异议，恳请贵院对刘××提出判处三年以下有期徒刑并适用缓刑量刑建议。事实和理由如下：

一、刘××和王××系情侣关系，案涉诈骗行为发生在特定关系人之间、诈骗金额较小，社会危害性不大

1. ……

2. ……

二、刘××接到侦查机关的电话后主动到派出所接受讯问，构成自首，应当从轻处罚

1. ……

2. ……

三、刘××积极退赔受害人，取得了受害人王××的谅解

1. ……

2. ……

四、刘××以往无违法犯罪记录，系初犯、偶犯。刘××自愿认罪认罚，认罪态度较好，真诚悔罪悔过

1. ……

2. ……

综上所述，辩护人对刘××构成诈骗罪的事实没有异议；结合在案证据材料，刘××具有自首行为、其犯罪行为发生在特定关系人之间，社会危害性不大，存在退赔、已取得受害人谅解、积极认罪认罚等情节，恳请贵院对刘××提出判处三年以下有期徒刑并适用缓刑的量刑建议。

刘××的辩护人：

年　　月　　日

7. 认罪认罚具结

若犯罪嫌疑人、辩护人、公诉人就量刑意见未达成一致，辩护人、犯罪嫌疑人在审查起诉阶段可拒绝签署"认罪认罚具

结书"。因为一旦签署,除法官调整或检察院主动调整量刑建议外,在审判阶段很难再更改量刑建议。在签署"认罪认罚具结书"时,应当重点关注第三项认罪认罚的内容:即指控的犯罪事实、罪名和刑期。其中,关于刑期,多数检察院会提出具体的期限,但是也有检察院提出一个幅度刑期,比如有期徒刑十年至十一年。

签署完毕"认罪认罚具结书"后,并不意味着犯罪嫌疑人的刑期不可调整。笔者在代理案件过程中遇到过因犯罪嫌疑人被长期羁押导致法院超出量刑建议范围判决的情况,遇到过庭审结束后法官要求公诉人、辩护人重新签署较低刑期具结书的情况,也遇到过法院判决的结果低于公诉人提出的量刑建议的情况。

签署完毕"认罪认罚具结书"后,被告人在审判阶段有权反悔。但除被告人没有犯罪事实或在案证据不足以证实其构成犯罪外,不建议认罪认罚具结后反悔。被告人反悔时,审理程序将转入普通程序,但被告人的其他诉讼权利不受影响。被告人反悔的另一个后果可能是公诉人重新提出一个幅度量刑建议,被告人最终被判处的刑期可能会较认罪认罚的刑期重一些。

认罪认罚具结书

一、犯罪嫌疑人身份信息

本人姓名刘××,男性,汉族,1990年1月1日出生,身份证号码××,硕士毕业,住址××。

二、权利知悉

本人已阅读《认罪认罚从宽制度告知书》，且理解并接受其全部内容，本人自愿适用认罪认罚从宽制度。

三、认罪认罚内容

本人知悉并认可如下内容：

1. 北京市朝阳区人民检察院指控本人犯罪事实……

2. 北京市朝阳区人民检察院指控本人构成非法吸收公众存款罪。

3. 北京市朝阳区人民检察院提出的量刑建议：有期徒刑三年、可以适用缓刑，并处罚金。

4. 本人同意适用速裁程序/简易程序/普通程序。

四、自愿签署声明

本人就本具结书内容已经听取辩护人/值班律师的法律意见，知悉认罪认罚可能导致的法律后果。

本"认罪认罚具结书"是本人在知情和自愿的情况下签署的，未受任何暴力、威胁或任何其他形式的非法影响，亦未受任何可能损害本人理解力和判断力的毒品、药物或酒精物质的影响，除了本"认罪认罚具结书"载明的内容，本人没有获得其他任何关于案件处理的承诺。

本人已阅读，理解并认可本"认罪认罚具结书"的每一项内容，上述内容真实、准确、完整。

本人签名：

××××年××月××日

本人系××律师事务所的律师，担任犯罪嫌疑人刘××的辩护

人/值班律师。本人证明,该犯罪嫌疑人已经阅读了"认罪认罚从宽制度告知书"及"认罪认罚具结书",自愿签署了上述"认罪认罚具结书"。

辩护人/值班律师签名:

××××年××月××日

(三)人民法院刑事案件一审审判阶段的代理

1. 人民法院刑事案件一审的审限

人民法院一审法定审理期限一览表

办案机关	适用范围		期限	法律依据
人民法院	简易程序		20日至一个半月	《刑事诉讼法》第二百二十条
	速裁程序		10至15日	《刑事诉讼法》第二百二十五条
	自诉案件	被告人被羁押的	二至三个月	《刑事诉讼法》第二百一十二条
		被告人未被羁押的	六个月	《刑事诉讼法》第二百一十二条

续　表

办案机关	适用范围		期限	法律依据
人民法院	公诉案件	一般情况	两个月	《刑事诉讼法》第二百零八条
		至迟	三个月	
	可能判死刑或附带民事诉讼案件；刑事诉讼法第一百五十八条规定的四类案件：①交通十分不便的边远地区的重大复杂案件；②重大的犯罪集团案件；③流窜作案的重大案件；④犯罪涉及面广，取证困难的重大复杂案件		延长三个月	《刑事诉讼法》第二百零八条
	改变管辖的，从改变后法院收案之日		重新计算	《刑事诉讼法》第二百零八条
检察院	人民法院退回补充侦查的公诉案件		一个月	《刑事诉讼法》第二百零八条
人民法院	检察院补充侦查完毕，移送人民法院的案件		重新计算	《刑事诉讼法》第二百零八条
被告人/检察院	上诉	不服判决	10日	《刑事诉讼法》第二百三十条
	抗诉	不服裁定	5日	

人民法院审理普通刑事案件时，一般按照《刑事诉讼法》规定的审限进行。但对于涉众、疑难复杂案件，审理周期会比较长，尤其是非法吸收公众存款案件、涉黑涉恶案件等。代理

这类案件时，辩护人需要提前预判审理周期、会见次数后，合理收取代理费。

2. 办理委托和提交代理手续

在检察院向人民法院移送起诉后一周内，辩护人可以通过12368电话查询管辖法院是否分配承办法官。若已经分配法官，应及时提交辩护人代理手续。

若辩护人系在一审阶段接受委托，委托手续、会见手续的办理按照侦查阶段提交的相关手续办理要求执行。辩护人在会见被告人后，可持有被告人签署的委托书向法院提交辩护手续，并申请阅卷。

3. 寻找辩点

寻找辩点是为了实现案件程序性辩护、定性辩护、事实辩护、量刑辩护的目的。若因案件的侦查程序违法导致能够排除相应的证据，则可以实现后面三个辩护目的。定性辩护包括罪与非罪、此罪彼罪的辩护，简言之实现无罪或罪轻辩护的目的。事实辩护包括罪数的减少，公诉人指控的事实、数额是否准确，该类事实既可以影响到案件定性，又可以影响到案件的量刑。量刑辩护一般在有罪辩护的案件中较为常见，既可以是罪轻辩护，也可以是罚金刑的辩护。但如上文所述，在无罪辩护的案件中，辩护人亦可提出量刑辩护。

寻找辩点的有效途径一般是会见、阅卷、接待家属、调查取证。尤其是会见和阅卷过程中获取的案件信息最为准确。辩护人获取的案件信息越充分，辩护就越精准。因趋利避害的人类属性，辩护人要学会甄别会见、接待家属、调查取证过程中获取到的案件信息的真伪。一般来说，犯罪嫌疑人、家属可能会隐藏于己方不利的信息，甚至夸大、虚构案件信息。辩护人若缺乏自己的判断，容易被犯罪嫌疑人、家属误导，最终偏离正确的辩护方向，无法实现有效辩护之目的。

(1) 寻找程序中潜藏的辩点

程序性辩护一般在庭前会议中进行。程序性辩护一般涉及管辖权、非法证据排除、回避、鉴定、勘验、检查、扣押、辨认程序以及审计报告中存在的问题。

管辖权辩护中，首要的是侦查机关有无管辖权。举个例子，若犯罪行为发生地或犯罪结果发生地都不在北京市朝阳区，又无指定管辖司法文件时，则北京市朝阳区的侦查机关对案件进行立案侦查是错误的，因其无管辖权而获得的证据材料就不存在合法性的基础。在贪污、贿赂案件中，对于职务较高或影响力比较大的案件一般由上级机关指定某地检察院异地审查起诉。在阅卷过程中应当重点关注有无指定管辖的司法文书。若侦查机关、检察院在明知管辖权存在问题仍不改正时，辩护人在法院审判阶段应当对法院的管辖权提出异议。

非法证据排除问题，在司法实践中较为常见。辩护人拿到讯问笔录后，应当核对参与讯问的人员是否2人以上、是否系民警、讯问时长是否合乎规范、讯问内容是否合法、讯问活动是否真实发生。某律师在代理的一起无罪案件中，通过对提讯证和笔录形成时间的分析，反复向被告人核实，发现该份笔录所涉讯问未真实发生，被告人被羁押在看守所后侦查人员从未提讯过。该律师申请侦查人员出庭并申请调取看守所全部提讯记录，后案涉笔录因未真实提讯被法院依法排除。敢于怀疑和认真负责，是辩护人必备的素质。

回避所指的对象一般是侦查人员、检察人员、审判人员。若检察长或法院院长应当回避，亦可申请其回避。回避的方式有自行回避或当事人申请回避两种。回避的情形，在此不再赘述。根据《刑事诉讼法》第三十一条的规定，检察人员的回避应当由检察长决定，对于检察长回避，则由同级人民检察院检察委员会决定。在开庭过程中，若辩护人申请检察人员回避，法院一般会选择休庭，并通知检察院，等检察院作出决定后另行安排开庭。若非出现了检察人员应当回避的情形，不建议无理由地申请检察人员回避。法院院长若符合回避情形，则该法院已经不适合审理案件，可以请求移送上级法院管辖或由上级法院指定其他法院管辖。

鉴定意见属于我国刑事诉讼法规定的证据种类之一，也是法院裁判的主要依据之一。因此，鉴定过程中是否存在程序瑕疵会直接影响到鉴定意见的证据资格。在鉴定结论中寻找辩点，需要关注以下几个方面：①委托主体、受托主体是否具有相应资质。一般来说，送检主体应当为侦查机关。若司法鉴定意见书系受害人单方委托的鉴定机构作出，则该鉴定意见因委托主体不适格导致无法作为定案依据。此时，犯罪嫌疑人可以要求重新鉴定。在受托主体方面，辩护人主要核对鉴定机构被许可的资质范围，若超范围鉴定或没有相应资质也可导致鉴定意见不能作为证据使用。②鉴定过程是否科学、合法。送检材料来源、封装、存储等须符合相关规定。在危险驾驶罪案件中，可能会因未及时对犯罪嫌疑人取血采样导致鉴定结论不能作为证据使用。在毒品类鉴定中，送检毒品存在与查获毒品不一致的情形，也存在未对毒品纯度进行鉴定的情形。送检毒品与犯罪嫌疑人处查获毒品不一致，即送检材料来源不合法。未对毒品纯度进行鉴定，则会影响到量刑幅度。③司法鉴定意见书是否符合法定形式。根据《公安机关办理刑事案件程序规定》第二百三十八条："鉴定后，应当出具鉴定结论，由两名以上具有鉴定资格的鉴定人签名或者盖章"的规定，当鉴定意见书中的鉴定人少于两名或鉴定人未签名/盖章时，则导致鉴定程序违法。④鉴定意见是否完整。若鉴定意见不完整，该意见无法作为证据使用。⑤侦查机关是否将鉴定意见告知犯罪嫌疑人、受害人。根据《刑事诉讼法》第一百四十八条"侦查机关应当将用作证据的鉴定结论告知犯罪嫌疑人、被害人"的规定，若侦查机关未依法将鉴定结论告知犯罪嫌疑人、被害人，则损害了犯罪嫌疑人、被害人申请补充鉴定、重新鉴定的程序权利，该类鉴定意见无法作为证据使用。

勘验、检查、扣押程序中，辩护人应当关注相关程序是否合法、相关手续是否完备。根据《公安机关办理刑事案件程序规定》第二百一十六条的规定，勘查现场，应当拍摄现场照片、绘制现场图、制作笔录，由参加勘查的人和见证人签名。对重大案件的现场勘查，应当录音录像；根据第二百一十七条的规定，检查的情况应当制作笔录，由参加检查的侦查人员、检查人员、被检查人员和见证人签名。被检查人员拒绝签名的，侦查人员应当在笔录中注明；根据第二百二十三条的规定，进行搜查，必须向被搜查人出示搜查证，执行搜查的侦查人员不得少于两人；根据第二百二十九条的规定，执行查封、扣押的侦查人员不得少于两人，并出示本规定第二百二十八条规定的有关法律文书。查封、扣押的情况应当制作笔录，由侦查人员、持有人和见证人签名。对于无法确定持有人或者持有人拒绝签名的，侦查人员应当在笔录中注明。

辨认程序和过程应当符合法律规定。根据《公安机关办理刑事案件程序规定》第二百五十九条的规定，辨认应当在侦查人员的主持下进行。主持辨认的侦查人员不得少于两人。几名辨认人对同一辨认对象进行辨认时，应当由辨认人分别进行。侦查机关组织辨认时，应当将辨认对象混杂在特征相类似的其他对象中，不得在辨认前向辨认人展示辨认对象及其影像资料，不得给辨认人任何暗示。辨认犯罪嫌疑人时，被辨认的人数不得少于七人；对犯罪嫌疑人照片进行辨认的，被辨认的照片不得少于十张。辨认物品时，混杂的同类物品不得少于五件；对物品的照片进行辨认的，物品的照片不得少于十张。对场所、尸体等特定辨认对象进行辨认的，或者辨认人能够准确描述物品独有特征的，陪衬物不受数量的限制。

（2）在事实和证据中寻找定性、量刑的辩点

在事实和证据中寻找辩点，无外乎从事实、证据、常理、法理中找寻定罪量刑的依据。

1）事实即真相

真相，有时竟然无法证明。在控辩审的体系中，辩护人虽

然是最可能接近真相的人,但因处于弱势地位,客观上无法较为全面地取证。证据材料中呈现的"事实"不一定是客观真相,辩护人只能找到现有证据的矛盾点才有可能打破控方的证据体系。被告人所说的"事实"和公诉人指控的"事实"不一致时,辩护人可在辩护词中进行阐述。

2)审查被告人陈述

通过审查讯问笔录中犯罪嫌疑人的陈述来寻找辩点,是辩护人的基本功。律师在会见时,须提醒犯罪嫌疑人认真核对讯问笔录,并强调讯问笔录与其陈述不一致时犯罪嫌疑人有权要求更正或拒签。实践中,侦查机关可能并未对每个刑事案件进行同步录像或不愿意提供录像,辩护人一般很难因嫌疑人签字确认后的讯问笔录存在诱供、骗供或与己方表述不一致为由进行非法证据排除。审判阶段会见时,须向被告人核对讯问笔录中记载的内容与讯问时的内容是否一致。审查多份讯问笔录时,须注意讯问过程是否真实发生、多份笔录的陈述是否存在完全相同的内容。

若侦查机关对讯问过程进行了同步录像,辩护人也可以认真核对同步录像并寻找辩点。辩护人须核对同步录像与讯问笔录记载的时间和内容是否"同步",是否存在诱供、威胁逼供等违法行为,尤其是核对录像与讯问笔录记载的内容是否一致。辩护人需扮演好"守门员"的角色,守好排除非法证据这一道防线。

3)审查被害人陈述、证人证言

被害人陈述即受害者就案件事实所作的陈述。审查被害人陈述时，须核对其陈述内容是否合理、与犯罪嫌疑人陈述是否一致、有无冲突，有冲突的地方有无其他证据作证。在一起故意伤害罪案件中，被害人在重新做的询问笔录中陈述了20年前被伤害的经过，清楚地记得被告人的样子及名字。被害人陈述，被告人在伤害他以后去前台结账时自报姓名，所以记住了这个名字。被告人在打伤他人后，还不忘结账以及自报姓名，这不合常理。

证人证言即证人就自己所知道的与案件有关的情况向司法机关所作的陈述。审查证人证言时，须关注证人与受害人的关系，证人的行为能力、表达能力、作证时间、地点、是否自愿、作证内容与其他证据是否矛盾等。

4）在书证、物证、视听资料、电子数据中寻找辩点

书证一般形成于犯罪行为实行终了之前。犯罪行为结束后，侦查机关或其他机关出具的情况说明不属于书证。若书证的来源不清、调取过程不规范、不全面，则给辩护人创造了辩点。审查书证应着重审查其客观真实性、合法性、与案件的关联性、收集是否全面等。书证的客观真实性体现在书证是否系原件或复印件的书证有无原件以供核对；书证的内容是否系伪造、变造或提供、保存书证的相关人员是否存在被威胁或欺骗等情况。书证的合法性体现在其来源是否合法，收集程序和手续、存储方式是否合法。关联性是民事案件中证据质证的三性之一。刑事案件中，也可对关联性发表意见。若书证与指控事实无关或存在较大出入，则该书证的证明力较小或无法为法院采信。书证的收集一般应当全面，尤其是涉及主体资料、工商档案资料

时。侦查机关在收集书证过程中出现瑕疵时，即给辩护人提供了辩点。在贪污、受贿类案件中，主体资料如任免职文件、职责分工证明文件、身份信息材料、党员资料等应当全面收集。在企业或企业领导的犯罪案件中，企业的工商资料如工商档案、股东信息、薪酬制度、财务支出凭证等应当重点审查。

审查物证应当重点关注物证的来源是否合法、提取是否合法、保管是否合乎规范。若卷宗中没有物证的提取笔录、勘验笔录、搜查笔录等，或相关记载与其他证据矛盾冲突，则该物证来源存疑。提取物证，应当按照《法庭科学枪支物证的提取、包装和送检规则》《法医生物检材的提取、保存、送检规范》《法医学物证检材的提取、保存与送检》等中国公共安全标准进行。物证封装应当按照《物证的封装要求》进行。

对于视听资料、电子数据的审查，重点应当关注其是否具有真实性、技术是否中立、内容是否完整。视听资料、电子数据的真实性主要体现在是否有原件、是否有原始载体。视听资料、电子数据的来源是否合法，流转程序、设备运行状态和参数都会影响到其真实性。审查电子数据时，一般通过审查其使用的时间戳、智能合约、哈希值、电子签名等技术是否具有安全性与可靠性，提供上述技术的平台是否有资质、是否系案件利害关系人等方面，可以确保技术手段有效且中立。

5）不容忽视的"常理"

常理不是一个严格的法律概念，而是人们普遍知道的基本事实和道理，我们也可以解读为"常识"。在司法语境里，常理即普通公众所具有的与司法活动相关的经验知识、情感态度与基本道理。常理的作用至少有两方面，其一是常理可以用来证明案件事实，其二是可以用来解释法律。基于此，辩护人可通过"常理"来寻找辩点。

在一起贩卖毒品罪、生产销售有毒有害食品罪案件中，侦查机关以贩卖毒品罪对犯罪嫌疑人立案侦查，检察院以生产销售有毒有害食品罪提起公诉，最终在法院开庭前公诉人以证据不足为由撤诉。在辩护过程中，辩护人着重从常理的角度来判断犯罪嫌疑人不可能认识到其转卖的减肥药系毒品，其对减肥药的成分缺乏认识，对涉案减肥药是否有毒有害也缺乏判断。理由很简单，一个正常的人如果知道一款产品有毒有害，大概率不会自己长期食用。在案证据表明犯罪嫌疑人自己也在食用该款减肥药，司法鉴定意见书中明确了减肥药的成分以及犯罪嫌疑人的发检结果呈阳性。基于此，检察院最终作出了撤诉决定书。

常理根植在民众心中。人类追求公平正义的天性及情感的内在性和首要性决定了人们对情理法的探求永不会停止。常理更应该植根在法律人心中，唯有如此方能避免出现荒唐的、啼笑皆非的刑事案件。迟到的正义，非正义。

4. 庭前会议

庭前会议是人民法院在法庭审理阶段根据公诉案件的复杂程度或其他需要而召开的。庭前会议不是法庭审理前的必经程序。2018年1月1日试行的《人民法院办理刑事案件庭前会议规程（试行）》（以下简称《庭前会议规程》）明确了庭前会议的适用情形、召开程序、庭前会议的具体内容等。《庭前会议规程》第十条规定，庭前会议中，主持人可以就下列事项向控辩双方了解情况，听取意见：（一）是否对案件管辖有异议；（二）是否申请有关人员回避；（三）是否申请不公开审理；（四）是否申请排除非法证据；（五）是否申请提供新的证据材料；（六）是否申请重新鉴定或者勘验；（七）是否申请调取在侦查、审查起诉期间公安机关、人民检察院收集但未随案移送的证明被告人无罪或者罪轻的证据材料；（八）是否申请向证人或有关单位、个人收集、调取证据材料；（九）是否申请证人、鉴定人、侦查人员、有专门知识的人出庭，是否对出庭人员名单有异议；（十）与审判相关的其他问题。

庭前会议可由法院自主决定召开，辩护人也可以提交申请后由法院决定是否召开。一般对于重大复杂案件、定性存在问题的案件，均会召开庭前会议。辩护人可以根据《庭前会议规程》第十条的规定，调整辩护策略、提交相关申请。庭前会议中，辩护人常对管辖权提出异议、申请排除非法证据以及申请侦查人员出庭。公诉人与辩护人也会在庭前会议中商定证据的出示顺序、出示方式。根据《庭前会议规程》第四条的规定，被告人可以参加庭前会议，也可以不参加庭前会议。为充分保障被告人的诉讼权益，辩护人应当建议或申请被告人参与庭前会议。若案件存在非法证据，辩护人必须申请召开庭前会议，且在庭前会议中申请排除非法证据，但辩护人的申请不一定会得到审理法院的允许。关于非法证据的认定标准、排除方式，以《人民法院办理刑事案件排除非法证据规程（试行）》为准。

刑事案件中对管辖权有异议的案件不太多，其数量远远低于民事案件中提起的管辖权异议案件。刑事案件管辖权异议申请书的内容和格式基本与民事案件中管辖权异议申请书一致。起草时，应着重论述要求移送管辖的事实和法律依据。

管辖权异议申请书

申请人：刘××，系李××的辩护人，××律师事务所律师，地址……，联系电话：……。

申请事项：请求贵院依法将李××涉嫌拒不执行判决、裁定罪一案移送至××人民法院审理。

事实与理由：

一、李××没有偿债能力，没有高消费行为，也不存在恶意逃避履行法院判决义务的行为，不构成拒不执行判决、裁定罪

1.……

2.……

二、本案之所以立案的根本原因是贵院前党组副书记利用其关系和影响力导致的

1.……

2.……

三、贵院既是本案的发起者又是本案的裁判者，无法保证案件公平公正审理，无法保障当事人的合法权益

1.……

2.……

此致

××人民法院

　　　　　　　　申请人（李××的辩护人）：

　　　　　　　　　　　　　　　　年　　月　　日

　　非法证据排除申请的开启，尽量提交书面申请书，同时，提交一份《侦查人员出庭申请书》，申请侦查人员出庭接受询问以实现排除非法证据的目的。

<h2 style="text-align:center">非法证据排除申请书</h2>

　　申请人：刘××，系王××的辩护人，××律师事务所律师，地址……，联系电话：……

　　申请排除对象：

　　1. 20××年××月××日××时××分至20××年××月××日××时××分，侦查机关对被告人王××进行讯问形成的笔录应予排除；

　　2. ……

　　事实和理由：

　　一、根据案涉第一次讯问笔录记载，2021年3月7日13时12分至2021年3月7日13时35分，侦查机关对王××进行了第一次讯问，用时23分钟，王××阅读犯罪嫌疑人诉讼权利义务告知书等内容用时约6分钟。因此，第一次长达7页的讯问笔录，仅仅用时17分钟，明显不合常理

　　1. ……

　　2. ……

二、根据案涉第二次讯问笔录记载，2021年3月8日10时10分至2021年3月8日10时55分，侦查机关对王××进行了第二次讯问，用时45分钟；第二次讯问笔录只有2页，却用时45分钟，恰恰印证了第一次讯问笔录7页用时17分钟违背常理。且根据被告人王××的陈述，当日侦查机关没有在看守所对其进行提讯，该份笔录记载内容不真实

1. ……

2. ……

综上，与王××相关的两份讯问笔录系侦查机关非法制作、笔录内容与客观事实不符，特申请贵院依法予以排除。

此致
××人民法院

王××的辩护人：
年　　月　　日

5. 正式开庭前的准备

知己知彼，方能百战不殆。刑事案件开庭制胜的三大法宝：准备、准备、再准备。

（1）重复阅卷

刑事案件的审判周期比较长、卷宗比较多，至一审开庭前辩护人可能已经不记得之前卷宗的内容了。这时无须按照检察院的全部卷宗逐卷重新阅读，而须在之前阅卷时做的阅卷笔录的基础上温故知新、查漏补缺。若案件存在补充侦查卷宗，辩护人应在开庭前联系法院及时阅卷，避免开庭时因未及时阅卷

导致无法当庭质证。

（2）质证及质证意见的呈现

1）如何质证

《律师办理刑事案件规范》第九十五条规定，辩护律师应当围绕证据的真实性、合法性、关联性，就证据资格、证明力以及证明目的、证明标准、证明体系等发表质证意见。

《人民检察院公诉人出庭举证质证工作指引》第四十条规定，质证应当一证一质一辩。质证阶段的辩论，一般应当围绕证据本身的真实性、关联性、合法性，针对证据能力有无以及证明力大小进行。对于证据与证据之间的关联性、证据的综合证明作用问题，一般在法庭辩论阶段予以答辩。

根据上述相关规定，刑事案件证据的质证主要是围绕证据本身的真实性、关联性、合法性，针对证据能力有无以及证明力大小进行。证据的真实性质证属于事实判断，一般从有无原件或原始载体和证据内容是否与客观事实一致展开。证据的合法性质证系规范判断，一般从证据的来源、证据的取得方式、证据的形式展开。证据关联性质证，属于逻辑判断，一般从证据体系、待证事实、证明目的的角度展开。至于证据的证明力有无、证明力大小，应当根据具体情况，从证据与案件事实的关联程度、证据之间的联系等方面进行判断。

认罪认罚案件的质证工作相对简单，一般来讲，控、辩双方对指控的罪名和主要犯罪事实没有异议，因此，对于相关证据基本也是无异议。认罪认罚案件的质证，主要围绕量刑展开。虽然被告人签署了认罪认罚具结书，明确了具体的刑期，但是辩护可以对量刑类的证据发表不同的质证意见。

无罪案件以及对罪名、主要事实有争议的案件，质证意见的准备工作则相对比较烦琐。一般应当准备举证提纲和一证一质的质证意见。建议在第一次详细阅卷时，根据阅卷笔录对全部在案证据按照一证一质的方式准备质证意见。质证意见根据庭前会议中与公诉人、法院商定的出示方式、出示顺序来准备。

2）准备书面的质证意见

青年律师缺乏庭审经验和代理经验，建议准备书面的质证意见。开庭质证时，根据具体的开庭情形实时调整质证意见。

王××涉嫌骗取银行贷款罪一案质证意见

卷宗页码	证据名称	证据种类	证据内容	质证意见
证据卷7第9-10页	××公司产品销售合同	书证	甲方向乙方购买风力发电机10台……	真实性有异议。第一，该合同无原件予以核对，该证据系复印件来源不明。第二……

（3）发问的方法

我国的司法实践中，案多人少是法院的常态。前文说过，辩护人是最接近事实真相的人。即便主审法官对案情有所了解，其获得案件信息的来源也仅仅局限于公诉人提供的证据，法官知悉的"真相"可能与辩护人知悉的"真相"不同。在庭审活动的短暂时间内，法官吸收的信息是有限的，法官的注意力和耐心也是有限的。基于此，辩护人发问时须具备逻辑性、针对性且根据发问对象准备发问提纲；辩护人准备的问题，应当简洁明了、一针见血,切忌准备复杂冗长的问题;辩护人须时刻记得发问的最终目的,而不要过分纠结琐碎的细节。无论在生活中,还是在庭审活动中,简单是一种美德。庭审中发问的对象一般是被告人和证人。辩护人须根据发问对象,设计不同的问题,对两者发问的方法也不尽相同:

1)"直接询问"被告人

庭审中,辩护人对被告人的发问显然属于明知故问型发问。辩护人通过对被告人的发问,让法官在较短的时间内对案件事实形成一个简短而又清晰的判断。辩护人当庭向被告发问的"问题"一般是提前准备好的,被告人给出的回答也是在辩护人预料之中的。基于此,辩护人向被告人发问的"问题"一般看起来是"开放式"的,当然也可以是"诱导式"询问。辩护人在庭前辅导的会见过程中应当准备好发问提纲,但切忌教唆被告人做虚假供述;辩护人应当和被告人准备好突发问题的预案,叮嘱被告人不要主动发言,也不要超范围回答问题。言多必失,自古如此。

关于张三不构成故意伤害罪一案的发问提纲

1. 辩护人:2004 年至今你经常在北京市居住吗?/2004 年至今,你在哪里居住?

被告人答:不经常在北京居住。

2. 辩护人:2004 年 7 月 10 日你在哪里?

被告人答:时间太久,记不清了。

3. 辩护人：2004年7月10日晚上8点左右，你在北京市朝阳区遇见餐厅吃过饭吗？

被告人答：没有，我不知道这个餐厅。

4. 辩护人：你认识李四吗？

被告人答：不认识。

5. 辩护人：李四说他在遇见餐厅被你殴打致伤，你认可吗？

被告人答：我不认识他，也没去过遇见餐厅，不可能是我打的他。

6. 辩护人：李四的伤情鉴定意见是去年做的，你有什么意见？

被告人答：我有异议。李四是2004年被伤害致残，过去近20年后才做伤情鉴定，明显不符合常理。鉴定的程序、鉴定的材料都存在问题。

7. 辩护人：在辨认过程中，李四一眼就认出了现在的你。你有什么意见？

被告人答：辨认的程序不合法，辨认结果不合常理。侦查人员组织辨认时，应当提供我20年前的照片，而不是现在的照片。若20年前是我打的李四，我的容貌早发生了变化，李四不可能一眼认出现在的我……

2）"反对询问"证人

证人系以其知道的案件情况对案件事实作证的人。在我国司法实践中，证人大致有三类，即普通证人、专家证人、侦查人员证人。一般对证人的发问采取反对询问的方法。反对询问和直接询问相反,反对询问的范围和直接询问的范围也存在不同。与案件相关的问题,均可以在直接询问时发问,但反对询问的范围一般局限在直接询问所提及的事项与影响证人可信度的事项之内。反对询问和直接询问最本质的区别在于谁才是真正的证人——律师。反对询问事实上不是证人在作证,而是律师在作证,即律师通过对证人的发问实现己方的目的。律师对证人发问的目的有两个,一个是打击证人证言的可信度,另一个是引出有利于己方的证言。

庭审中,经常会遇到辩护人抗议公诉人对被告人或证人进行诱导性询问。那么,辩护人是否可以对被告人或证人进行诱导性询问?笔者认为是可以的。诱导性问题和开放式问题相反,诱导性问题的答案一般含在问题中,问题本身即向证人暗示了询问的答案。那么,律师该如何准备反对询问呢?首先,应该明确询问的目的。其次,针对证人准备询问提纲,但不是针对每个证人都必须准备。若其他被告人或证人的证言与己方关联度不高,律师可以不问。此时,"不问"反而显得专业。再次,全神贯注聆听证人的陈述,并在最短的时间内思考对其反对询问是否可以削弱其证言的证明力或减轻对己方被告人造成的伤害;若不能实现前述目的,可以不发问。最后,发问时一定要选用简洁的问题,尽可能使用诱导性问题,不给证人过多的解释空间,不问没有确定性答案的开放性问题。

(4)准备书面的辩护词

1)简洁起草认罪认罚案件的辩护词

虽然被告人、辩护人、公诉人在审查起诉阶段签署了认罪认罚具结书，被告人的刑期已经基本固定，但法官未参与具结环节，大多数法官对认罪认罚具结书达成的条件、公诉人量刑的依据是不甚清楚的。法官在开庭前，可能对认罪认罚案件的案情一无所知。基于此，辩护人在审判阶段仍须准备一份简洁的辩护词。这份辩护词的意义不仅在于向被告人证明律师完成了辩护工作，还在于能够向法官表明辩护人的专业性。或许这份辩护词不能改变公诉人已有的量刑建议，但是说不准可以影响到法官的自由裁量权。

起草认罪认罚案件的辩护词一定要简洁。被告人之所以认罪认罚，是基于其对公诉人指控的主要犯罪事实、罪名、量刑没有异议。若辩护词中的较长篇幅用来论述指控的犯罪事实、罪名，可能会引起公诉人的反感，会让公诉人认为被告人对主要犯罪事实存在异议，导致公诉人可能当庭撤回认罪认罚具结书。法庭不是赌场，试运气的话，律师应该去赌场。认罪认罚案件辩护词起草的原则是——主要事实简洁辩，量刑问题重点辩。辩护词中简洁描述案件事实，表明辩护人对公诉人指控的罪名、事实无异议，着重表述被告人存在应当减轻、从轻处罚的情节，恳请法院在已有量刑的基础上对被告人从轻判处。

在实务中，存在被告人既想认罪认罚，又想让律师碰碰运气做无罪辩护的情形。若在案证据达到了"确实、充分"的证明标准，辩护人不妨直接做有罪辩护、罪轻辩护，并明确告知被告人无罪辩护的后果。若被告人仍然坚持己见，辩护人可以辞去委托，也可以选择"骑墙式"辩护——即先发表无罪观点，后发表有罪、罪轻的观点。这种辩护策略在实践中是被允许的，但对于多数案件来说效果不佳。

张三涉嫌诈骗罪一案辩护词

××县人民法院：

  ××律师事务所受张三之委托，指派刘××律师担任其辩护人。通过会见、阅卷，辩护人认为张三系作用不大的辅助性人员，系本案的从犯；其非法获利金额不大且已经全部退赔，取得了受害人谅解；张三具有自首、坦白、认罪认罚等从宽情节，依法应当减轻、从轻量刑处罚。具体辩护意见如下：

  一、张三一开始不知涉案 App 用于诈骗而为其提供防御服务，张三提供防御服务的行为只是案涉诈骗行为中微不足道的一环，其系作用不大的辅助性人员；张三事后了解情况后因受到胁迫无法及时退出和阻止。因此，张三系本案的从犯，依法应当从轻处罚

  1.……

  2.……

  二、从缅甸回国后，张三主动联系办案民警并添加微信、发送位置等待民警调查，系自首；自首后，张三积极配合民警调查，如实陈述案情。因此，依法应对张三减轻处罚

  1.……

  2.……

  三、张三非法所得的金额不大且其已经退赔受害人 50 万元、取得了受害人的谅解，依法应当从轻处罚

1. ……

2. ……

四、在审查起诉阶段，在公诉人主持、辩护人见证下，张三签署了认罪认罚具结书。若贵院再考虑到张三积极认罪认罚、认罪态度较好，其又系初犯、偶犯等情节，在公诉人现有的量刑建议基础上，对张三减轻、从轻量刑，辩护人也是十分赞同和认可的

1. ……

2. ……

综上所述，张三系辅助性人员、作用不大，系从犯；张三系本案的从犯，其非法获利金额不大且已经全部退赔、取得了受害人谅解；又具有自首、坦白、认罪认罚等应当减轻、从轻处罚的量刑情节。恳请贵院综合考虑以上情节，在有期徒刑五年以下对张三定罪处罚。

此致
××县人民法院

张三的辩护人：
年　　月　　日

2）认真准备无罪或重大事实异议案件的辩护词

法官的注意力、吸收能力以及耐心在庭审过程中都是有限的。为了说服法官采信辩护人的观点，辩护人就要为己方的观点提供事实和论据支撑。因此，提交书面的辩护词是辩护人必须完成的任务之一。

无罪案件或有异议案件辩护词的结构可以参照大学毕业论文的写作结构，但是又区别于大学毕业论文，切忌冗长的行文方式。结构完整和行文简洁，是优秀辩护词的基本要求。笔者推荐的行文结构一般包括标题、首部、正文、结语。标题推荐使用"关于张三不构成诈骗罪的辩护词"或"关于某某案的辩护词"的表述方式。首部，一般是辩护人表明身份、受谁委托以及本案的总体辩护意见。正文，则参照两种不同的路径起草，一种是从事实、法律、政策的角度写作，另一种是从犯罪构成要件的角度写作；实务中常以"四要件"是否齐备的角度展开；正文的具体内容须要点突出、主次分明、逻辑清晰、有理有据。结语部分，可以简单总结辩护人的观点并明确要求法院在有期徒刑×年以下判处。关于辩护词的格式，字体推荐使用宋体，标题采用三号字，正文采用四号字，行距为1.5倍行距。辩护词由辩护人签字后，通常提交法院一份即可，无须向公诉人提供。

内容，是最好的形式。一份优秀的辩护词首先要说服自己，然后才有可能说服法官。一份优秀的辩护词必须要点突出、主次分明。对于任何一类优秀的法律文书而言，言简意赅是必备的基本要素。辩护词无须面面俱到，辩护词的关注重点主要在于公诉人指控被告人的罪名、犯罪事实是否真实发生、证据是否确实充分、量刑是否适当。

逻辑自洽是法律文书写作的另一基本要求。辩护词的写作，应当清晰明确地归纳总结案件事实，立场明确地表明己方观点。但辩护人不应充当第二公诉人，将辩护词写成了起诉书。如果辩护词的逻辑前后矛盾、无法自洽，甚至是在强词夺理，则很难说服法官。有理有据，不仅是对辩护人提出的要求，更是对公诉人、法官提出的要求。无论是起诉书，还是辩护词、判决书，都应做到观点明确、有理有据地展开分析说理，避免简单的论证，否则难以服人。想要做到有理有据，不仅可以结合案件事实、证据，也可以结合法律法规、司法解释、裁判观点、专家学者的权威意见、观点、新的证据材料等展开。

辩护词的提交时间，一般在法庭辩论阶段或庭审结束后提交为宜。开庭过程中法庭辩论阶段提交书面的辩护词有以下几个效果：其一，被告人及其家属能够看到律师所做的工作、会认为律师尽职尽责；其二，减少书记员记录的时间，节约庭审时间；其三，便于主审法官、审判员查阅。辩护人不打无准备之仗，审判活动关系着被告人的自由、财产和生命，准备书面的辩护词是律师认真负责以及专业性的体现。在无罪案件的庭审过程中，法庭辩论环节应当全面阐述辩护词，切忌以简单一句"以提交书面的辩护词为准"来敷衍了事，否则会让庭审效果大打折扣，也会让被告人觉得律师未尽责，甚至在庭后投诉律师。庭审过程中，辩护人一般当庭提交书面的辩护词，庭后一般通过中国邮政 EMS 向法院寄发快递；法院收发室签收快递后，辩护人应当向法官或书记员电话确认是否收到书面的辩护词、是否需要通过邮箱向法官提交电子版辩护词。

关于张三不构成贪污罪的辩护词

××县人民法院：

××律师事务所受张三的委托，指派××律师担任张三的辩护人。辩护人认为：①案涉企业的业绩提成款是平等民事主体之间签署民事合同产生的经济收益；张三获得的提成款系其应得的劳动报酬，不是贪污罪的指向对象；②张三领取的款项均系张三应得的提成，张三没有贪污的故意，没有实施贪污的犯罪行为；③张三的提成比例符合该公司的提成方案，即使提成比例不符合也系企业自主经营、自主调整的范围，无须苛以刑责；④张三没有贪污的主观故意，其向第三人支付咨询费是为了获取其应得的业绩提成，在经济往来中通过虚构业务避税的手段十分常见，张三前述避税的方式不是贪污罪中的"骗取"手段，根据主客观相一致的基本原则，张三不构成贪污罪。因此，在案证据未达到《中华人民共和国刑事诉讼法》规定的"确实、充分"的证明标准，在案证据不能证明张三具备贪污的主观故意，不能证明张三实施了贪污的犯罪行为，不符合主客观相一致的定罪原则、不能排除合理怀疑，张三不构成贪污罪。具体辩护意见如下：

一、张三通过个人给涉案企业跑业务获取业绩提成款的行为，符合该公司业绩提成方案的规定，不属于贪污行为

（一）涉案企业是自主经营、自负盈亏、自开自支的公司，其经营所得属于该公司自己，不用上交国资公司；涉案企业有权自主制定业绩提成方案，不用提交国资公司报备；因此，涉

案企业的经营所得不属于公共财物

1.……

2.……

（二）案涉提成款不是来源于上级国资公司或国家拨款，不是国有资产，而是张三跑业务基于平等民事主体签署民事合同产生的合法收益，张三获得的业绩提成，是其应得的劳动报酬，不是《中华人民共和国刑法》第三百八十二条第一款规定的"公共财物"。本案不具备贪污罪的对象条件

1.……

2.……

（三）张三没有贪污的主观故意，没有非法占有公共财物的犯罪目的；案涉全部业务均是真实的，不是虚构或编造的，张三没有利用国家工作人员职务的便利，也没有实施编造项目侵吞、窃取、骗取公共财物的客观行为

1. 张三没有贪污的主观故意……

2. 张三跑业务的行为不是公务行为，其领取业绩提成的行为也没有侵犯国家工作人员公务的廉洁性和公共财产所有权……

3. 案涉全部业务均是真实的，不是虚构或编造的，张三没有利用国家工作人员职务的便利，也没有实施编造项目侵吞、窃取、骗取公共财物的客观行为……

4. 张三获取业绩提成符合涉案企业关于业绩提成方案的规定……

二、张三向第三人支付咨询费只是为了获取其应得的业绩

提成；根据证人证言及在案证据，涉案企业向第三人支付的咨询费和张三应得的业绩提成款一一对应，确系张三的业绩提成款；在经济往来中通过虚构业务避税的手段十分常见，张三前述避税的方式不是贪污罪中的"骗取"手段；张三为了避税以及减少不必要的纠纷，以向第三人支付咨询费提取业绩提成的方式，虽不合规，但是绝不构成贪污罪

1.……

2.……

三、我国刑法不处罚无责的不法行为，不是因为行为不具有社会危害性，而是因为行为人不具有非难的可能性。主客观相一致是定罪的基本原则，当行为人的"主观罪过"和客观行为不一致时，则不构成犯罪。在案证据均证实张三没有贪污的主观故意，向第三人支付咨询费就是张三应得的业绩提成。张三虽有"贪污"的表象行为，但因缺乏贪污的主观故意，其不构成贪污罪。

司法实践中，大多数错案是客观归罪的错误，不是因为没有危害结果，而是因为没有进一步考察行为人主观是否"有责"。《中华人民共和国刑法》的法益保护机能与保障人权机能难免存在着一定冲突，其具体体现之一就在于定罪时是否严格遵循了主客观相一致原则。我国《中华人民共和国宪法》第三十三条第三款明确规定"国家尊重和保障人权"。根据宪法制定的刑法，不仅是"善良人的保护法"，也是"犯罪人的大宪章"。因此，在全面实行依法治国的新时代，要想减少刑事错案的发生，就必须严格遵循罪刑法定原则，坚持主客观相一致

的定罪原则,这是落实"国家尊重和保障人权"宪法规定的必然要求……

四、退一万步讲,假设贵院认定张三构成贪污罪,检察院指控张三贪污的金额不准确;另外,张三存在坦白、立功、退赔等情节,依法应予从轻处罚或免于刑事处罚

1.……

2.……

五、张三在职期间任劳任怨,通过其个人跑业务为濒临破产的涉案企业创造巨大经济收益。张三获得的业绩提成款符合该公司的规定,虽然其提取的方式存在瑕疵,但是是法律所能容忍的,没有必要苛以刑责。若对张三苛以刑责,不仅不利于营商环境的建设,而且严重挫伤了涉案企业职工开拓业务的积极性

1.……

2.……

六、开展企业合规建设,是全面贯彻我国法治思想、推动企业依法守规经营、服务经济社会高质量发展的一项重要制度创新。张三通过向第三人支付咨询费获取提成违反涉案企业内部规定的行为,可通过纪律处分、企业合规建设等方式处理,但不应当承担刑法意义上的后果;案涉款项确实为张三的业绩提成,在不能排除合理怀疑的情况下,不能违背罪刑法定的基本原则

1.……

2.……

综上所述，案涉公司的业绩提成款是平等民事主体之间签署民事合同产生的经济收益，不是贪污罪的指向对象；张三没有贪污的故意，也没有实施贪污的犯罪行为；张三的提成比例符合涉案公司的提成方案，即使不符合，其也不构成犯罪。张三虽有"贪污"的表象行为，但因缺乏贪污的主观故意，不构成贪污罪。司法实践中大多数错案是客观归罪的错误，不是因为没有危害结果，而是因为没有进一步考察行为人主观是否"有责"。因此，在案证据不能证明张三具有贪污的主观故意和实施贪污行为，请求贵院依法宣告张三无罪。

此致
××县人民法院

张三的辩护人：

年　　月　　日

（5）对被告人进行开庭模拟与心理安抚

除累犯外，多数被告人没有刑事案件开庭的经验。开庭，于多数人而言是一次严肃而陌生的体验。因此，开庭前对被告人进行一次辅导就显得十分必要。无论是认罪认罚案件，还是对主要事实、罪名有异议的案件，按照正式的庭审流程帮助被告人熟悉一遍庭审，不仅可以提前预判开庭时的突发状况、检验辩护人的庭审工作准备是否充分，也可以缓解被告人紧张的情绪。

6. 决战法庭

审判关系着被告人的人身自由、财产，甚至生命，庭审效果的好坏会直接影响到案件审理结果。因上一节详细阐述了庭前准备工作的具体内容，本节不再赘述。实务中，即使辩护人准备得非常充分，但案件结果也可能会难如人意。即便如此，辩护人仍须认真准备庭审。

（1）认罪认罚案件审判流程

认罪认罚案件审判流程

一、庭前准备

书记员、审判员核对辩护人身份、授权手续、公诉人是否到庭、被告人是否到庭、庭审设备是否正常等。

二、宣布开庭及查明被告人身份、告知诉讼权利

审判员：××人民法院现在开庭，首先核对被告人的身份情况。被告人姓名？

被告人：张三。

审判员：出生日期？

被告人：××××年××月××日。

审判员：民族？

被告人：××族。

审判员：户籍地？

被告人：……

审判员：文化程度？

被告人：……

审判员：职业？

被告人：……

审判员：以前是否受过法律处分？

被告人：……

审判员：被告人，你是哪天被抓的？

被告人：……（若是主动到案，回答主动到案或自首）。

审判员：你是哪天被拘留的？

被告人：……

审判员：你是哪天被逮捕的？

被告人：……

审判员：因涉嫌何种犯罪？

被告人：……

审判员：公诉机关的起诉书副本、量刑建议书收到了吗？

被告人：收到了。

审判员：何时收到的？

被告人：……

（以上信息在起诉书中均有体现，辩护人须提前嘱咐被告人认真阅读起诉书。）

审判员：辩护人是否在开庭前收到了检察院起诉书副本？

辩护人：收到了。

审判员：根据《中华人民共和国刑事诉讼法》第一百八十三条、第二百二十二条、第二百二十四条的规定，本院依法公开审理××人民检察院提起公诉的被告人张三诈骗罪一案。本案由审判员刘×独任审判，法官助理××、书记员××担任法庭记录。××人民检察院检察员李××出庭支持公诉。××律师事务所律师刘

××出庭担任被告人张三的辩护人,被告人张三到庭参加诉讼。各方听清楚了吗?

被告人:听清楚了。

审判员:根据《中华人民共和国刑事诉讼法》第二十九条、第三十条、第三十一条、第三十二条的规定,被告人、辩护人在法庭审理中对审判员、法官助理、书记员、公诉人有申请回避的权利,被告人、辩护人是否申请回避?

被告人:不申请(提示:无罪或对指控罪名、事实有异议案件,可依法申请回避。认罪认罚案件,一般不申请回避。)

审判员:请公诉人简单陈述主要犯罪事实、罪名、量刑建议书。

公诉人:……

审判员:被告人,公诉人宣读的起诉书内容和你收到的副本内容一致吗?

被告人:一致。

审判员:你对起诉书指控的事实及罪名是否有异议?

被告人:没有。

审判员:公诉人宣读的量刑建议书与庭前收到的是否一致?

被告人:一致。

审判员:被告人,根据《中华人民共和国刑事诉讼法》第十五条的规定,认罪认罚可以依法从宽处理。"认罪"是指自愿如实供述自己的罪行,对指控的犯罪事实没有异议;"认罚"是指你真诚悔罪,愿意接受处罚。被告人是否听清?

被告人:已听清。

审判员：你是否认可公诉机关的量刑建议？

被告人：认可。

审判员：你是否签署了认罪认罚具结书？

被告人：已经签署了。

审判员：你是否自愿签署？

被告人：我是自愿的。

审判员：你是否理解认罪认罚的性质及法律后果？

被告人：我理解。

审判员：辩护人对于指控的事实、罪名及量刑建议是否有异议？

辩护人：没有异议。

审判员：鉴于被告人自愿认罪认罚，对犯罪事实及罪名均无异议，并同意量刑建议，经公诉机关建议，法庭决定适用速裁程序进行审理。各方是否同意？

被告人：同意。

审判员：被告人，法庭问你几个问题，你如实回答……

被告人：好的……

审判员：下面由公诉人出示证据。

公诉人：……

审判员：被告人对证据发表意见。

被告人：没有异议。

审判员：辩护人对证据有没有异议？

辩护人：没有异议。

审判员：被告人有没有证据提交？

九、刑事案件代理精细化指引

被告人：没有。

审判员：辩护人有没有证据提交？

辩护人：没有（若系经济犯罪案件，可能存在行政机关的罚款，如果被告人已经缴纳罚款，相关缴纳类证据可在本阶段出示）。

审判员：下面开始法庭辩论，由公诉人发表辩论意见。

公诉人：……

审判员：被告人、辩护人发表辩论意见。

辩护人：辩护人对公诉人指控的罪名和事实没有异议，就量刑简单发表如下意见……详细见辩护词。

审判员：公诉人是否还有要补充的？

公诉人：没有。

审判员：辩护人是否还有要补充的？

辩护人：没有。

审判员：下面由被告人作最后陈述。

被告人：……

审判员：通过庭前审查公诉机关移送的证据材料，听取被告人意见，以及刚才的法庭审理，审判员对本案的定罪、量刑有了明确意见，下面宣判：……（宣读判决书本院认为部分）。

审判员：被告人你听清楚了吗？

被告人：听清楚了。

审判员：判决书会在闭庭后的五日内送达于你，你可以在收到判决书的第二日起十日内向本院或者××中级人民法院提出上诉。书面上诉的，应当提交上诉状正本一份，副本两份。听清楚了吗？

被告人：听清楚了。

审判员：当庭是否表示上诉？

被告人：不上诉。

审判员：现在闭庭，阅读笔录、签字。

(2) 非认罪认罚案件庭审流程

非认罪认罚案件庭审流程一般分为四个阶段，即庭前准备、法庭调查、法庭辩论和最后陈述阶段。

1) 庭前准备阶段

核对被告人自然情况、拘留和逮捕的时间、是否受过行政或刑事处罚、是否收到起诉书副本等信息。审判长告知合议庭组成人员、各方当事人出庭情况及享有的诉讼权利，询问是否申请法官、法官助理、公诉人等回避。遇到申请回避的情形，可能会休庭。审判长根据《刑事诉讼法》关于回避的规定汇报并告知相关决定。

2) 法庭调查阶段

法庭调查阶段主要程序有：①公诉人宣读起诉书；②审判长询问被告人对起诉书指控的犯罪事实及罪名的意见；③询问被告人是否认罪认罚；④公诉人发问；⑤辩护人发问；⑥审判长发问；⑦公诉人举证、质证；⑧被告人、辩护人举证和质证；⑨各方询问证人并发表质证意见。

3) 法庭辩论阶段

公诉人主要针对指控的罪名、犯罪事实是否清楚、证据是否确实充分、量刑问题发表辩论意见。被告人可以针对罪与非罪、此罪彼罪、罪轻、量刑等自行辩护。辩护人有独立辩护的权利，因此辩护意见可以与被告人的意见不同。辩护人应当就被告人罪与非罪、此罪彼罪、罪轻、量刑等充分发表辩护意见，并提交书面的辩护词。若各方有新的意见或补充，经法庭允许后可以进行第二轮法庭辩论。

4）最后陈述阶段

被告人如果表达能力不错，可以在最后陈述中简洁地表明自己的意见，但无须重复庭审中说过的意见。

在李苏阳律师代理的一起涉黑涉恶案件中，他的当事人在最后陈述阶段金句频出，庭审效果很好：①我事前不知情，事中无帮助，事后无获利，不应该被认定为犯罪。②若不是要判刑，能够被当作"骨干"也挺好，我从来没有意识到自己这么重要。③我每个月只拿3500元的工资，却有四个小孩，老婆又没工作，我不是恶势力，我是"饿"势力。④我与其他成员"线上无联系，线下无沟通"，若要认定有共谋，方式只能靠托梦。⑤我对不起我老婆，请转告她：无论法院判我六年还是八年，我将余生全都判给她。

（3）庭审活动中其他注意事项

1）抗议应有理有据

抗议一般发生在公诉人发问的环节，通常发生在法庭庭审的一瞬间。抗议的基本逻辑在于"这个问题答与不答，是否对案子构成伤害"。辩护人要想及时提出抗议，必须仔细聆听公诉人的发问，更要注意关键字、关键词，最后抓住时机及时抗议。

《刑事诉讼法》没有规定抗议的程序，但实务中当公诉人发问会伤害案件时，辩护人应当立即举手示意法庭提出"抗议"，得到法庭允许后陈述抗议的具体理由，理由不宜过多，选择杀伤力最大的一个理由即可。抗议的结果无外乎有效和无效。抗议无效时，公诉人继续发问；抗议有效时，公诉人须换一个问题继续发问。

抗议的示例——公诉人：被告人，你结过婚吗？辩护人：抗议，被告人是否结婚与本案无关。公诉人：证人，2024年1月1日中午你在饭店里看到了被告人殴打被害人，是不是？辩护人：抗议，公诉人的发问系诱导性询问。

辩护是理性的分歧。律师在庭审中不要害怕提出抗议。在庭审活动中，控、辩、审三者地位平等，没有高下之分。任何案件律师都要全力以赴，方对得起他人之托。

2）质证应突出重点

以法官为主导的庭审程序决定了辩护人在质证过程中应以质证为主、举证为辅。前文提及质证主要是对证据的真实性、合法性、关联性发表意见。至于在案证据是否能够证明犯罪事实、是否可以达到"确实、充分"的证明标准问题，可以在质证时发表意见，也可以在法庭辩论阶段发表意见。质证应当突出重点，对关键证据重点质证，至于一证一质还是分组质证，建议根据案件具体情况选择。辩护人对证据的三性提出质疑时，应当提出合理、合法的依据。

7. 庭审后的工作

（1）提交补充辩护词

庭审结束后，是否提交补充辩护词，则须根据案件的庭审情况决定。若开庭时提交的辩护词已经足够详细，且没有新的内容需要补充的，无须另行提交补充辩护词。但若存在新的辩护意见需要补充，则应尽快与法官联系，确定提交补充辩护词的最后时间，避免出现补充辩护词尚未提交，法院已出判决的尴尬情形。

（2）会见安抚

庭审结束后，辩护人可以进行一次会见。会见的主要目的是为了安抚被告人。多数被告人没有刑事开庭的经验，其对于庭审效果的好坏无法准确判断。辩护人则需根据开庭的情况以及多年的经验，给被告人吃一颗"定心丸"。被告人羁押在看守所的日子里，辩护人是其与外界沟通交流的唯一渠道。在被告人的艰难岁月里，陪伴和心理安抚也是辩护人的工作之一。

（3）收到判决后及时上诉

庭后会见时，应当告知被告人在其收到判决书时，若不服一审判决可在收到判决书次日起十日内提起上诉。上诉的形式，可以是口头上诉，也可以是书面上诉。

辩护人收到一审判决后，应及时安排一次会见，认真听取被告人关于一审判决的意见、是否上诉等。若被告人决定上诉，辩护人则须尽快准备二审授权委托书、书面的上诉状并由被告人签字确认。若被告人决定不上诉，辩护人则须告知其不上诉的后果以及判决生效后至下监期间，辩护人无法再会见了，在最后一次会见里尽量交代完毕未尽事宜。

（四）人民法院二审审判阶段的代理

1. 二审期限

刑事案件二审审理期限一览表

审理法院	审级	适用范围	期限	法律依据
一审法院的上级法院	二审	一般情况	两个月	《刑事诉讼法》第二百四十三条
		可能判处死刑的案件或者附带民事诉讼的案件；《刑事诉讼法》第一百五十八条规定的四类案件：①交通十分不便的边远地区的重大复杂案件；②重大的犯罪集团案件；③流窜作案的重大复杂案件；④犯罪涉及面广、取证困难的重大复杂案件	延长两个月	
		因特殊情况还需要延长的，报请最高人民法院批准		
		最高人民法院受理的上诉、抗诉案件的审理期限，由最高人民法院决定	—	

2. 律师代理二审的主要工作内容

（1）会见被告人

会见被告人贯穿整个辩护代理的过程中。一个普通刑事案件可能需要会见6~9次。除了案件需要的必要会见外，家属可能会让辩护人充当生活律师而多次会见。基于此，需要在代理合同中限制每个阶段最多的会见次数。

因办理案件需要而多次会见被告人是必要的。尤其是刑事案件二审程序中，会见沟通的内容与一审存在差异。二审会见被告人，着重围绕一审判决事实认定不清、法律适用错误、证据是否达到"确实、充分"的证明标准、审理程序是否违法、是否存在违法证据未予排除等问题展开，逐一沟通核实。会见被告人时，认真听取被告人对于一审判决的意见，并与被告人交流二审的辩护意见、辩护策略、方案等。

（2）代理检察院抗诉的案件

根据《人民检察院刑事抗诉工作指引》的规定，检察院的抗诉大致分为三类。第一类是检察院认为一审判决认定事实错误、适用法律错误、量刑错误或人民法院在审理过程中违反法定程序影响公正裁判的……第二类是被害人及其法定代理人不服人民法院第一审判决，在收到判决书后五日以内请求人民检察院提出抗诉，检察院决定受理的。第三类是依据审判监督程序开启的抗诉。

辩护人代理检察院的抗诉案件，应当认真研究抗诉书、判决书、在卷证据等。在全面了解案情的基础上，分析一审判决、裁定是否存在错误，检察院提出抗诉或提请抗诉的理由是否成立。经会见被告人后，形成书面的辩护意见提交二审法院；在开庭前及时和主审法官沟通意见并依法提出相关排非申请、证人出庭申请等。

（3）代理被告人上诉的案件

《刑事诉讼法》第二百二十三条规定，第二审人民法院对于下列案件，应当组成合议庭，开庭审理：①被告人、自诉人及其法定代理人对第一审认定的事实、证据提出异议，可能影响定罪量刑的上诉案件；②被告人被判处死刑的上诉案件；③人民检察院抗诉的案件；④其他应当开庭审理的案件。本条其实确定了二审案件"以开庭为原则，以不开庭为例外"的原则。但实践中尤其是被告人上诉的案件，不开庭的情况居多，且二审不开庭案件的改判率较低。

基于此，代理被告人上诉案件，重中之重是争取二审开庭审理。争取二审开庭审理，应当从以下几方面入手：其一，认真研究一审判决书及一审证据，分析一审判决、裁定是否存在错误。其二，会见被告人，听取被告人关于指控罪名、指控犯罪事实的意见，并询问是否有新证据需要调取、提交等。其三，寻找新的证据或证人。笔者在代理的一起刑事案件过程中，发现同案犯已判决认定的事实与委托人一审判决认定的事实存在冲突，以此为由成功申请了二审开庭审理。作为辩护人不要放过任何一个细节，不要放过任何一次机会。其四，与二审承办人有效沟通。沟通的方式可以是通话，也可以是当面交流，但一定要提交书面的辩护意见。有的辩护人通过迟迟不提交辩护意见的方式逼迫二审法官开庭审理，但不是所有的案件都能奏效。

行文至此，除代理申诉程序外，青年律师代理刑事案件的精细化指引已经接近尾声。我们办的不是案子，而是别人的人生。通过我们的辩护，希望能让每一个被告人感受到辩护人为了保障其合法权益已竭尽所能。作为一名律师，希望法院的刑事判决不仅是一个在法律上过硬的判决，同时也是能被绝大多数普通人所接受的合乎情理的裁判，能让每个走进司法程序的人相信，法官是公正地、客观地解释与适用法律，并且都曾站在他们的角度去考虑、分析过案件中曾发生的事实。

正义不能缺席，且正义应当以一种看得见的方式让人们看到。

十、民商事案件代理全流程指引

（一）收案审查与案件管理

民商事案件数量较多，复杂难易程度也不一样。收案审查和案件管理是律师必备技能之一。

1. 收案审查

《律师办理民事诉讼案件规范》第七条和第八条明确规定了律师事务所收案的范围和禁止事项。

《律师办理民事诉讼案件规范》第七条规定："收案应当符合以下条件：（一）接受原告的委托，应当在原告拟向人民法院起诉之后，但已代理该案的非诉讼法律事务并与委托人已有约定的除外；（二）接受被告或第三人的委托，应当在被告或第三人知道或者人民法院送达起诉状副本后办理委托手续；（三）接受上诉人或被上诉人的委托担任二审代理人的，应当在一审判决、裁定送达后办理委托手续，但已代理一审并与委托人另有约定的除外；（四）律师代理案件执行的，应当另行办理委托手续，明确代理权限范围，或者在诉讼代理合同中特别约定授权执行代理事项；（五）接受再审案件当事人或其法定代理人的委托，应当在人民法院的判决、裁定发生法律效力后办理委托手续，但已代理原审并与委托人另有约定的除外；（六）接受集团诉讼案件的，应当与其代表人办理委托手续；（七）无民事行为能力、限制民事行为能力的当事人要求委托律师的，应当与其法定代理人办理委托手续；（八）接受侨居国外的中国公民委托的，应当符合《中华人民共和国民事诉讼法》的相关规定；（九）接受外国当事人委托的，应当符合《中华人民共和国民事诉讼法》的相关规定；（十）接受港、澳、台当事人委托的，应当遵循我国的有关规定。"

《律师办理民事诉讼案件规范》第八条规定："有下列情形之一的，律师事务所不得接受委托：（一）已经接受同一案件中对方当事人或第三人委托的；（二）已经在一审程序或二审程序中为对方当事人担任代理人的，二审程序或再审程序又接受对方当事人委托的；（三）具有违反《律师执业避免利益冲突规则》的规定，不能接受委托的其他情形。"

对于符合收案条件的案件，应当及时办理委托手续。委托手续主要包括以下内容：

（1）委托人与律师事务所签订委托代理合同，一式三份，交委托人一份，律师事务所留存一份，代理律师留存一份。律师若去其他城市进行诉讼活动，须带上委托代理合同原件备用。

（2）委托人签署授权委托书，至少一式三份，律师事务所留存一份，代理律师留存一份，交法院一份。

（3）核对委托人的身份证原件或护照原件，委托人身份证复印件或护照复印件留存三份，交律所一份，律师留存一份，交法院一份。

（4）若提前准备好了起诉状，可以按照被告人数+2签署份数，其中一份提交法院，一份给被告，代理律师留存1份。

（5）接收相关证据复印件，并签署证据接收清单。证据接收清单一式两份，交委托人一份，律师留存一份。

2. 案件管理

案件管理不只是归档整卷，而是贯穿案件代理全过程的系统性工作。有效地做好案件管理，不仅需要纸质卷宗归档，还需要借助技术手段进行赋能。有效地做好案件管理需要从以下几方面入手：

（1）不收证据原件。若证据原件因律师原因丢失或损毁，造成的后果可能需要律师承担。

（2）收案后及时立卷。纸质卷宗立卷是案件管理的第一步。为了便于查找，建议采用可以一次容纳100页以下A4纸的文件夹，按照一案至少一卷的方式立卷。

（3）电子资料在电脑中以分类命名文件夹的方式进行存档。不要将全部文件堆积在电脑桌面上，不仅不美观、不利于查找，而且容易误删。建议在分区的硬盘中根据自己代理案件的特点，分类命名文件夹。比如：刑事案件、民间借贷案件、建设工程案件、婚姻家事案件、侵权案件等。

（4）手机日历上设置提醒。比如开庭提醒、保全续保提醒、上诉期即将届满提醒等。

（5）借助Excel和其他办公App、小程序进行技术赋能。

Excel不仅可以记录案件进度，还可以将相关文件的Word版本直接拖拽放入表格中，这也就意味着打开Excel后，律师可以迅速找到目标信息或目标文件。随着互联网和技术的进步，与法律相关的 App 和小程序层出不穷。青年律师要勇于接受新事物，利用技术手段为自己赋能，提高工作效率。

2024 年度代理案件一览表

序号	案件名称	审理阶段、法院	法官、地址、电话	案件进度、工作内容	交办律师	代理费	办理结果
1							
2							
3							

（二）一审案件代理原告实操指引

1. 立案前的审查事项

接案后，律师须根据掌握的事实、证据等审查委托人的诉讼主体资格是否适格、被告是否适格、审查管辖与诉讼时效、审查委托人的诉求与诉讼请求以及有无相关证据。

（1）审查诉讼主体是否适格

根据《中华人民共和国民事诉讼法》（以下简称《民事诉讼法》）第一百二十二条的规定，起诉时原告必须与案件存在利害关系、被告必须明确。本条规定的利害关系指的是原告的权益被侵犯或民事权益发生争议；若委托人与案件没有任何利害关系，律师应告知无法立案，或立案后起诉被驳回或涉嫌虚假诉讼犯罪。着重核对原告的身份信息、被告的身份信息（被告为企业的审查企业是否存续、是否被吊销营业执照）以及是否遗漏当事人。

（2）审查管辖

审查管辖时，先要审查是否属于法院管辖，若约定了仲裁条款且有明确的仲裁机构，则不属于法院管辖。后根据法定管辖、专属管辖、约定管辖等确定案件的受理法院。

（3）审查原告的诉求和证据

委托人的诉求不等于诉讼请求。诉讼请求必须明确、具体，否则存在被法院驳回的可能。另外，诉讼请求必须合理且不违反法律规定，否则法院也可能不予支持。律师起草诉讼请求时，应当避免标的和行为混同；当标的和行为混同出现在一个诉讼请求中，则会导致诉讼请求不明确。

打官司就是打证据。审查证据主要是对证据的来源、形式以及证明目的进行审查。证据来源不合法，会导致不具备证据资格。证据形式只有复印件或无原始载体的，则证据的真实性存疑。若证据和证明目的、诉讼请求缺乏对应、支撑关系，则会导致诉讼请求缺乏相应的依据。

（4）审查诉讼时效

审查诉讼时效的目的是最大限度维护原告的合法权益和规避律师的执业风险。若原告委托时诉讼时效已过，律师应当告知其后果以及是否存在采取补救措施的可能。若原告委托时，诉讼时效已过但律师未告知或因律师原因导致诉讼时效已过，代理律师不仅会面临被投诉的风险，还可能要赔偿给委托人造成的损失。虽然律协为律师购买了执业保险，但是因业务过失造成的损失，保险公司有权拒绝理赔。

2. 起诉材料的准备

（1）草拟起诉状的要点

一份起诉状大致的框架由抬头、正文、落款与日期组成，而正文部分包括原告、被告、案由、诉讼请求、事实与理由。

抬头。即一般即"民事起诉状"，通常采用仿宋或宋体3号字体，加黑并居中。在代理案件过程中，你可能会发现有人写的是"民事起诉书"且顶格，这也无可厚非，只是写作习惯和审美不一样而已。

原告。原告的信息应当尽可能齐全且正确，比如原告的姓名、性别、民族、出生日期、身份证号、职业、工作单位、住址、电话等。原告的名字和身份证号一定不能错，否则可能导致无法立案。出生日期和身份证号中的日期要一致，通过身份证中的日期也可以检验自己填写的出生日期是否准确。

被告。被告信息和原告信息基本采用相同的处理方式，但是应当尽可能提供被告更多的地址和联系方式。填写被告地址时需要注意案件的管辖法院问题。

案由。有时助理并不清楚师傅交给自己的案子该选择什么案由。通常做法是在《案由规定》中查询，如果无法确定到具体的三级案由，填写二级案由也行，比如"买卖合同纠纷"，拿不准的情况下可填"合同纠纷"。如果自己对案情有了充分的了解，可以通过案例检索的方式来确定案由，通过人民法院判决书中确定的案由来确定自己代理案件的案由。当然，通过以上方法都无法确定案由时，案由可以空着，在法院立案时经立案法官确定后填写即可。

诉讼请求。诉讼请求是诉讼的目的,即通过法院诉讼要主张什么权利,诉讼请求一定要清楚明了。诉讼请求为多项时,一般采用罗列法,即1、2、3、4…当你拿不准诉讼请求的表述是否恰当、是否合适时,同样可以通过检索案例,学习别人的表述方式,甚至从法院判决的内容中推导出诉讼请求的表述方式;也可以询问自己的师傅或同事。当然,几乎所有案件中都有恒定不变的一个诉讼请求即"判令被告承担本案的诉讼费"。除非委托人明确放弃,否则律师应当罗列其上。当然诉讼请求不见得第一次立案时就需要全部写出来,律师可以根据案件的情况,在法庭辩论终结前调整、增加诉讼请求。尤其在第一次起诉离婚的案件中,在明知对方不同意离婚的情况下,将分割房产等财产请求罗列上,只会徒增委托人缴纳的诉讼费。

事实与理由。所谓事实与理由,是原告起诉要求被告承担相应义务的依据,包含双方发生纠纷的前因后果。在起诉状中,事实与理由应当尽量详细,但同时需要尽量简洁。只有如此,才能让审判法官用最少的时间,掌握最重要的信息。在叙事过程中,应当尽可能地使用短句,尽可能避免长句。

落款。落款部分由两部分组成,即受理法院和原告签名、日期。起诉状一定需要原告本人签字,律师不得代理原告在起诉状中签字。起诉状的日期可以空着,待立案材料审查通过后律师填写即可。

起诉状的格式、行间距、字体等也是需要关注的细节。格式清洁、行间距合适、字体简洁的特点,会给起诉状锦上添花。

笔者见过楷书版的起诉状，也见过行书版的起诉状，读起来就两个字"难受"，让人感到头脑眩晕。如果法官有权对这种龙飞凤舞的起诉状罚款，相信不少律师会收到罚单。起诉状的行间距一般采用1.5倍即可，笔者习惯用宋体4号字体，比较中规中矩。

起诉状的份数，一般按照被告人数+2准备为宜，提交的证据的份数，亦是如此。

特别需要说明的是，在本书出版之际，最高人民法院、司法部、中华全国律师协会联合印发了《关于印发部分案件民事起诉状、答辩状示范文本（试行）的通知》，针对金融借款、民间借贷、劳动争议等11类常见多发的民事案件，制定了要素式起诉状、答辩状模板。

民事起诉状

原告：刘某，男，汉族，1991年8月10日出生，身份证号码：……，无业，地址：北京市海淀区……，电话：……。

被告：王某，女，汉族，1987年4月16日出生，身份证号码：……，工作单位：……；地址：北京市朝阳区……，电话：……。

案由：民间借贷纠纷

诉讼请求：

1. 判令被告向原告偿还全部借款人民币5万元整；

2. 判令被告支付2020年3月10日至2020年12月30日之

间的利息 2000 元；

3. 判令被告自 2021 年 1 月 1 日起自全部欠款清偿完毕之日止按照年化 4.8%的利率支付借款利息；

4. 判令被告承担全部案件受理费。

事实与理由：

2020 年 3 月 10 日，被告以公司经营周转为由向原告借款 5 万元、周转 2 个月。但借款期限届满，被告未偿还。2020 年 9 月 23 日，被告向原告出具欠条一份。该欠条确认被告共欠原告人民币 5 万元，并承诺 2020 年 12 月 30 日前还清借款并支付期间利息 2000 元。但截至起诉之日，被告未向原告偿还过任何款项。

综上所述，为维护原告的合法权益，特诉至贵院，但求判如所请。

此致

北京市海淀区人民法院

原告：

年　　月　　日

（2）证据的呈现方式

原告在立案时可能未提交全部证据，补充证据时应当在法院指定的举证期限内举证；若法院未指定举证期限的，则至少在开庭前准备好证据原件、复印件当庭提交。根据案件的具体情况采取分组举证或逐一举证的方式向法院提交。一般在数个具有关联性的证据均证明同一待证事实时，则采用分组举证的方式。每个证据都独立证明一个待证事实时，则采用逐一举证的方式。

提交证据时，应当准备证据目录。证据目录一般应当有证据名称、证据来源、证明目的、页码等内容。证据较多时，一般在右上角按照顺序编写页码，以便于举证和节约庭审时间。知识产权类案件的证据一般装订成册，但是其他民事案件没有相应的要求，律师可根据自己的工作习惯决定提交证据的方式。对于复杂案件的举证，也可以通过诉讼可视化的方法予以呈现。比较常见的是通过制图软件制作事实关系图。

刘某与王某民间借贷纠纷案证据目录

序号	证据名称	证据来源	证明目的	页码
1				
2				
3				
4				
5				
6				
7				
8				
……				

以上证据材料全部为复印件　　　　　　总计页数：　　页
提交时间：　　年　　月　　日　　　　　提交人：

3. 财产保全与立案

财产保全分为诉前财产保全与诉中财产保全。实务中，一般在诉前申请财产保全的情形居多。由于每个法院工作习惯、工作方式的不同，导致对财产保全申请的处理方式存在差异。有的法院采取先立案，在立案登记时收取财产保全申请及相关资料的方式，随后进行财产保全，严格来说这种方式属于诉中财产保全。有的法院则完全按照《民事诉讼法》的相关规定执行，立案时须确认财产保全申请是"诉前财产保全"还是"诉中财产保全"。

申请财产保全时至少须准备三份文件：财产保全申请书、保险公司出具的担保函、起诉书及证据材料。大多数法院比较认同保险公司出具的担保函，不太愿意接受原告以房产或其他担保方式担保。由于担保函的费用比较低，且出函速度快，一般作为首选的担保方式。每个地区法院关于是否要求申请人提供财产线索的规定存在很大差异，一般均要求申请人提交被申请人的银行账户、房产、股权、股票、应收账款等财产信息，少数法院采取"大查封"的方式即法院直接进行网络查控，无须申请人提供财产线索。

法院受理财产保全申请后，律师要及时跟踪法院是否分配保全执行的法官，及时联系保全法官对被申请人的财产情况进行网络查控并及时采取保全措施。保全执行法官对被申请人采取保全措施后，会将保全结果告知审判法官。若案件在法定期限内未审理完毕、保全措施期限即将届满，律师应当及时联系保全执行法官采取续封措施。

财产保全申请书

申请人：××公司，住所地为北京市……，电话：……

法定代表人：黄某，职务：经理。

被申请人：……有限公司，住所地为北京市密云区……，电话：……

法定代表人：张某，职务：经理。

申请事项：请求查封、冻结被申请人名下共计××万元的银行存款，如存款不足则查封、扣押、冻结与其不足额部分同等价值的财产。

事实与理由：

截止到 2024 年 1 月，被申请人尚欠申请人货款××万元及利息、采购物流人工费××万元。经申请人多次催要，被申请人拒不偿还。

为了防止被申请人在诉讼期间转移财产，根据《中华人民共和国民事诉讼法》的相关规定，特申请贵院对被申请人的财产采取保全措施。

此致
北京市密云区人民法院

申请人：××公司
法定代表人：
年　　月　　日

附被申请人的财产线索：

开户名：××公司

开户行：中国工商银行北京德胜科技园支行

账户：……

4. 诉前调解

为了多元助力解决纠纷，各级法院都在探索诉源治理的新方法，诉前调解就是近年来的探索成果之一。立案登记后，法院会在一个月内安排一次调解。诉前调解在一定程度上降低了当事人的维权成本、节约了司法资源，但对于复杂案件来说亦延长了诉讼周期。诉前调解的最初机制为"诉前调解协议+司法确认"，实务中在当事人就调解协议达成一致后，法院则可能直接进行司法确认并出具调解书。

很多时候，调解都是以牺牲原告的利益为代价。在调解过程中，律师一定要和委托人沟通并取得特别授权。取得一般授权的律师，务必告知当事人须其本人参与调解。在协商调解方案时，原告不妨增加一些违约责任以保障己方利益；若被告未按照调解协议履行，须承担约定的违约责任。

5. 调查取证

（1）律师调查取证

律师调查、收集与本案有关的材料，应由律师事务所出具介绍信，并出示律师执业证。律师向证人调查取证时，建议由两名以上执业律师进行（条件允许的情况下可以同步录音录像），实习律师不得调查取证。律师收集书证、物证应收集原件、原物。收集原件、原物有困难的，可以复制、照相，或者收集副本、节录本，但对复制件、照片、副本、节录本应附证词或说明。视听材料的收集，应明确其来源。

对涉及国家秘密、商业秘密和个人隐私的证据应当保密，需要在法庭出示的，应事先告知法庭，以不公开方式举证，不得在公开开庭时出示。

（2）申请法院调取证据

法院立案后，对于当事人或律师无法调取的证据，可以书面申请法院调取。实务中，多数法院会给律师出具调查令，由律师持令调查。需要勘验物证或者现场的，律师应当依授权代理委托人向人民法院提出勘验申请。

调查令申请书

案号：……

申请人：刘×（原告王××的诉讼代理人），北京市××律师事务所律师。执业证号：……，地址：……，电话：……

请求事项：请求贵院依法向申请人出具调查令。

调查单位：河南××商业银行股份有限公司何村支行

调查内容：××有限公司流动资金借款合同、担保合同、受托支付凭证、受托支付依据、银行流水等贷款全部资料、文件。

事实与理由：

一、……

1. ……

2. ……

二、

1.……

2.……

因贷款资料属于河南××商业银行股份有限公司保存的档案资料，申请人客观上无法取得。根据《中华人民共和国民事诉讼法》的有关规定，特向贵院提出上述申请，恳请贵院予以准许。

此致
××人民法院

申请人：

年　　月　　日

(3) 申请证人出庭

律师在向证人调查、收集证据时，应先告知律师身份，出示律师执业证；告知证人应当如实反映与本案有关的情况，并向其讲明作伪证应负的法律责任。律师向证人调查、收集证据，可以由证人自己书写证言内容。证人不能自己书写的，可由他人代为书写，并由证人签名、盖章或捺指印确认。有关单位书写的证言材料，应由单位负责人签名或盖章，并加盖单位印章。申请证人出庭作证的，应当在举证期限届满前提交申请书，申请书应载明证人的姓名、职业、住所、联系方式，作证的主要内容，作证内容与待证事实的关联性，以及证人出庭作证的必要性。

证人出庭申请书

案号：……

申请人：李××，××××年××月××日生，身份证号：……，汉族，地址：……，电话：……。

委托诉讼代理人：刘×，北京市××律师事务所，律师。执业证号：……，地址：……，电话：……。

申请事项：申请王××出庭作证。证明……，与李××无关。

事实与理由：

一、……

1.……

2.……

二、

1.……

2.……

因此，为查明案件事实，申请人特向贵院申请证人王××出庭作证，请予准许。

此致
××人民法院

原告：
年　月　日

（4）证据保全

在证据可能灭失或以后难以取得的情形下，律师应在征得委托人同意后，代其向公证机关或人民法院申请保全证据。律师申请保全证据，应提交书面申请并说明理由。

（三）一审案件代理被告实操指引

法律是理性的分歧。律师不可能只接原告的案件，也可能代理被告的案件。角色的转变不在一念之间，而在于委托人的身份。功夫在庭外。即便是代理被告，律师需要做的工作仍然有很多。

1. "拖"字诀之管辖权异议

（1）管辖权异议的提出

管辖权异议是被告对案件受诉法院的管辖权有异议，认为受理法院无权管辖案件，申请将涉诉案件移送有管辖权的法院审理。作为被告，接到起诉状时，最先要考虑的是要不要提管辖权异议。提管辖权异议的目的一般有两个，争取管辖利益和拖延时间。

《民事诉讼法》第一百二十八条规定："人民法院应当在立案之日起五日内将起诉状副本发送被告，被告应当在收到之日起十五日内提出答辩状。"第一百三十条规定："人民法院受理案件后，当事人对管辖权有异议的，应当在提交答辩状期间提出。"根据前述规定，被告对受诉法院的管辖权有异议的，应当在收到起诉状副本之日起十五日内提出，否则人民法院不予受理。

申请管辖权异议，应当提交书面的管辖权异议申请书以及管辖权的证据。管辖权异议申请事项中，须明确移送的具体法院、事实和理由。但是不能在当事人已有明确约定管辖法院的情况下提出管辖权异议，否则会被法院判定为恶意提起管辖权异议，被告可能会被法院处罚。在当事人没有明确约定管辖法院的情况下，即便属于法定管辖，被告依然可通过提管辖权异议达到拖延时间的目的。

管辖权异议申请书

申请人（被告）：王××，男，汉族，1985年8月6日生，身份证号：……，住北京市海淀区……，电话：……

委托诉讼代理人：刘××，××××事务所律师，地址：……，电话：……

申请事项：将李××与王××之间买卖合同纠纷一案移送北京市海淀区人民法院审理。

事实和理由：

申请人与李××之间买卖合同纠纷一案，贵院已经受理。但申请人住所地、户籍地在北京市海淀区。根据《中华人民共和国民事诉讼法》第二十二条"对被告提起的民事诉讼，由被告住所地人民法院管辖"的规定，本案应当移送至北京市海淀区人民法院审理。

此致
北京市顺义区人民法院

申请人：

年　　月　　日

(2) 管辖权异议的处理

被告提出管辖权异议后，法院会将相关的申请书、证据等向涉诉当事人送达，并对管辖权异议进行审查。原则上法院会组织开庭，听取各方当事人的意见，组织与管辖权相关证据的举证、质证等。法院经过审查，认为管辖权异议成立的，会裁定将案件移送有管辖权的法院；异议不成立的，则会裁定驳回。当事人收到管辖权异议裁定后不服的，应当在裁定书送达之日起十日内向上级人民法院提起上诉，由二审法院作出最终裁决。

值得注意的是，对于变更全部诉讼请求的案件，二次答辩期间是否可以再次提出管辖权异议，"民事诉讼法"并没有禁止性的规定。比如原告以合同纠纷立案起诉，被告提管辖权异议被法院驳回，一审开庭前原告变更案由为不当得利纠纷并变更全部诉讼请求，此时被告仍然可以再次提出管辖权异议。

2. 理想的答辩状

答辩状，顾名思义，即被告对原告的诉讼请求进行答辩。答辩的逻辑是原告的诉请有无事实和法律依据，被告同意哪些诉讼请求、不同意哪些诉讼请求，原告的诉讼请求是否经过诉讼时效、担保时效。答辩状须观点清楚、有针对性地阐述意见和观点，答辩状中的观点还要有事实和证据支持。在说理层面，除了引用法律外，还可以引用法学家的主流观点以及裁判案例中的观点，最好是引用受诉法院、主审法官过往的类案观点。

简洁是一种美德，答辩状切忌长篇大论、泛泛而谈。律师应当明白答辩状是用来说服法官，而不是用来表演给当事人看的，答辩状须避免情绪化的观点表达。理想的答辩状是能够达到法官采信答辩观点并直接在判决中援引使用的效果。

吴某诉张某离婚后财产分割纠纷一案
答 辩 状

案号：……号

答辩人：张某，男，汉族，1958年5月3日生，身份证号：……，住……

吴某的诉讼请求缺乏事实和法律依据，答辩人不同意吴某的全部诉讼请求，具体发表如下答辩意见：

一、吴某诉讼请求第一项的公积金早已提取、使用完毕，诉讼标的不存在了；且该项请求的金额不明确、诉讼时效早已经过，贵院依法应予驳回该项诉讼请求

1.……

2.……

二、张某不记得签过该离婚协议书，离婚协议涉及身份关系，不是一般意义上的民事合同，不受当时合同法以及民法典合同编的调整；假设1996年8月12日离婚协议书是真实的，该离婚协议书被1997年6月3日登记备案的离婚协议所取代而不发生效力。故吴某的第二项诉讼请求没有依据

1.……

2.……

三、张某在与吴某离婚后，没有任何义务为其提供住所，没有义务支付房屋使用补偿费。吴某的第三项诉讼请求不是双方离婚后的财产。因此，吴某的第三项诉讼请求，没有事实和

法律依据

1. ……

2. ……

综上，吴某要求分割婚姻关系存续期间公积金的诉讼请求早已经过诉讼时效；离婚系双方自愿的人身行为，不得附加任何条件；1996年8月12日的离婚协议书被签订在后登记备案的离婚协议所取代而不发生效力，多份离婚协议以登记备案的离婚协议为准；吴某要求张某支付其房屋使用补偿费的诉讼请求，没有任何依据。故此，请求贵院依法驳回吴某的全部诉讼请求。

此致

北京市丰台区人民法院

答辩人：

年　　月　　日

3. 有难同当之追加被告

根据《民事诉讼法》的规定，启动诉讼程序时将谁列为被告是原告的权利。但根据《最高人民法院关于适用〈中华人民共和国民事诉讼法〉的解释》第七十三条的规定，在必要共同诉讼的情形下，被告也可以申请追加被告。在共同所有、共同继承、共同承担连带责任、共同侵权、合伙制度的情形下，可能产生必要的共同诉讼。除前述情形外，被告方申请追加其他被告很难获得法院准许。

法院对当事人提出的申请，应当进行审查，申请理由不成立的，裁定驳回；申请理由成立的，书面通知被追加的当事人参加诉讼。如果为非必要共同诉讼，被告也可以申请追加被告，法官会向原告释明并征求原告意见，原告不同意追加被告的，法院不予准许但可将其列为第三人。

每个案件都是特别的。追加被告的目的不一定是为了让被追加人和自己共同承担责任，也可能是为了规避法院的管辖权。比如追加的被告如果正在破产重组，那么依据《中华人民共和国企业破产法》的相关规定，受诉法院就无权继续审理案件，只能移送破产受理法院进行审理。

追加被告申请书

案号：……号

申请人（被告）：山河公司，住所……，法定代表人：张三，职务：经理。电话：……

被申请人：黑龙公司。法定代表人：李四。职务：执行董事兼总经理。

破产管理人：××律师事务所，地址：……，电话：……

申请事项：追加黑龙公司为张某诉山河公司民间借贷纠纷一案的被告。

事实和理由：

一、黑龙公司为主债务人，原告仅起诉保证人无法查明案件事实，依法应追加黑龙公司为本案被告

申请人与黑龙公司、张某之间民间借贷纠纷一案，贵院已经受理。根据案涉借款协议书的约定，黑龙公司为案涉债务的

主债务人；所谓协议中约定的款项没有实际支付给山河公司，黑龙公司不参加诉讼，无法查清案件事实。

依据《最高人民法院关于审理民间借贷案件适用法律若干问题的规定（2020年第二次修正）》第四条第一款、《中华人民共和国民事诉讼法》第一百三十二条、《最高人民法院关于适用〈中华人民共和国民事诉讼法〉的解释》第七十三条的规定，贵院应当追加黑龙公司为本案被告。

二、退一万步讲，即便贵院不将黑龙公司追加为本案被告，因本案的处理结果与黑龙公司存在重大利害关系，且黑龙公司不参加诉讼，无法查明案件事实，依法应将黑龙公司追加为本案第三人

《中华人民共和国民事诉讼法》第五十九条第二款规定，对当事人双方的诉讼标的，第三人虽然没有独立请求权，但案件处理结果同他有法律上的利害关系，可以申请参加诉讼，或者由人民法院通知他参加诉讼。人民法院判决承担民事责任的第三人，有当事人的诉讼权利义务。

因本案的处理结果与黑龙公司存在重大利害关系，且黑龙公司不参加诉讼，无法查明案件事实，依法应将黑龙公司追加为本案第三人。

三、三水市人民法院正在对黑龙公司进行破产清算，原告应当向破产管理人申报债权，贵院应当将本案移送三水市人民法院审理或裁定不予受理

原告在立案后知道黑龙公司正在进行破产清算，为规避法院管辖权而撤回对黑龙公司的起诉。《中华人民共和国企业破

产法》第四十四条规定，人民法院受理破产申请时对债务人享有债权的债权人，依照本法规定的程序行使权利。债权人可向破产管理人进行债权申报，若债权在未被确认的情况下，债权人有异议的，可以向受理破产案件的人民法院提起债权确认之诉。参照《最高人民法院关于适用〈中华人民共和国企业破产法〉若干问题的规定（二）》第二十三条第一款的规定，破产申请受理后，债权人就债务人财产向人民法院提起本规定第二十一条第一款所列诉讼的，人民法院不予受理。根据前述规定，贵院应当不予受理本案或将案件移送三水市人民法院审理。

此致
××县人民法院

申请人：
法定代表人：
年　月　日

4. 被告举证

被告举证的注意事项和诉讼权利参考上文原告举证部分。举证应当按照《民事诉讼法》《最高人民法院关于民事诉讼证据的若干规定》的相关规定执行。人民法院确定举证期限，第一审普通程序案件不得少于十五日，当事人提供新证据的第二审案件不得少于十日。适用简易程序审理的案件不得超过十五日，小额诉讼案件的举证期限一般不得超过七日。当事人在该期限内提供证据确有困难的，可以向人民法院申请延长举证期限。

被告举证应当围绕原告的诉讼请求或反诉请求进行，与诉讼请求无关的证据不必出示举证。在形式上也应当规范，比如准备证据目录、副本以及编写页码。在提交证据前，务必核对有无原件、原始载体；若被告没有原件、原始载体，应告知其证据存在不被法院采信的后果。

被告举证时，经常会遇到被告的某项证据和原告的某项证据完全一样，这时要不要重复举证？如果被告的证明目的和原告的证明目的一样，则无须重复举证，被告在质证环节针对原告的证据发表质证意见即可。若被告举证的证明目的与原告不同，则应当在己方举证时重新举证。

5. 用反诉来吞并本诉

《民事诉讼法》第五十四条规定："原告可以放弃或者变更诉讼请求。被告可以承认或者反驳诉讼请求，有权提起反诉。"基于此，反诉是被告的诉讼权利之一。反诉的目的是抵消或吞并本诉。提出反诉的条件是，反诉须与本诉存在牵连关系或属于同一法律关系。反诉的提出时间是一审法庭辩论结束前（《最高人民法院关于适用〈中华人民共和国民事诉讼法〉的解释》第二百三十二条）。反诉的对象只能是原告，而不能是其他被告或第三人。反诉的提出方式是提交书面的反诉状及证据。法院决定是否合并审理的判断标准是本诉请求与反诉请求是否能够吞并、抵消或相互影响。反诉的审理方式，原则上是与本诉合并审理，但反诉不得违反级别管辖、专属管辖的法律规定；一般先审理本诉，后审理反诉，也存在本诉、反诉一并审理的情形；采用哪种审理方式，完全依据主审法官而定。特别需要提醒的是，反诉需要有事实和法律依据，不是所有的案件都可以提起反诉的。

民事反诉状

案号：……号

反诉原告（一审被告）：山河公司，住所为北京市朝阳区……

法定代表人：王某，职务：执行董事兼总经理，电话……

反诉被告（一审原告）：土建工程公司，住所地北京市……，电话……

法定代表人：李某，执行董事兼总经理。

案由：装饰装修合同纠纷

反诉请求：

1. 判令反诉被告返还工程款100万元，并自2021年4月17日起至实际返还完毕之日止按照全国银行间同业拆借中心发布的同期贷款市场报价利率支付利息；

2. 判令反诉被告支付违约金10万元；

3. 判令反诉被告赔偿经济损失10万元；

（以上款项暂计为120万元）。

4. 判令反诉被告承担案件受理费。

事实和理由：

双方签订补充协议约定涉案项目工程总价款为200万元，在施工过程中山河公司提前支付了土建工程公司150万元；但根据评估报告土建工程公司的实际施工价值仅为50万元，山河公司多付土建工程公司100万元。

因土建工程公司施工存在重大质量问题、工期延误等,山河公司不得不与第三人公司就剩余工程签订了施工合同,约定工程款为60万元,土建工程公司的违约行为给山河公司造成了10万元的经济损失,土建工程公司依法应予赔偿。最后根据双方签署的补充协议,承包方违约应当支付违约金,鉴于土建工程公司的违约行为,其应向反诉原告支付违约金10万元。

为维护反诉原告的合法权益,特提起反诉,但求判如所请。

此致

北京市××区人民法院

反诉原告:
法定代表人:
年　月　日

6. 申请鉴定

当事人申请鉴定的范围主要为法医类鉴定、物证类鉴定、声像资料鉴定和环境损害司法鉴定等。实务中常见的司法鉴定有三类:工程类鉴定、人身损害鉴定和文检鉴定。具体如工程质量鉴定、工程造价鉴定,交通事故和人身损害赔偿案件中的伤残等级、赔偿指数、三期(误工期、营养期、护理期)鉴定、笔迹鉴定、印章真伪鉴定、合同是否存在变造鉴定。

根据《民事诉讼法》第七十九条"当事人可以就查明事实的专门性问题向人民法院申请鉴定。当事人申请鉴定的,由双方当事人协商确定具备资格的鉴定人;协商不成的,由人民法院指定。当事人未申请鉴定,人民法院对专门性问题认为需要鉴定的，应当委托具备资格的鉴定人进行鉴定"的规定。鉴定可以由当事人申请，也可以由法院依职权进行鉴定，鉴定机构一般由法院摇号选择，无须当事人自行鉴定。当事人自行委托鉴定的，若对方当事人不认可鉴定意见，则存在由法院指定机构重新鉴定的可能。

根据《最高人民法院关于适用〈中华人民共和国民事诉讼法〉的解释》的相关规定，当事人可以在举证期限届满前申请鉴定。值得注意的是，"可以"赋予了当事人充分的时间，我国法律没有规定举证期限届满后不得申请鉴定。鉴定费用由申请人预缴，法院最终根据案件的具体情况裁判原、被告的负担金额。《司法鉴定程序通则》规定了司法鉴定的具体程序以及人民法院作为委托人提供的鉴定材料需要由当事人质证，未经质证不得作为鉴定的依据。

当事人对鉴定意见有异议时，一般是在收到鉴定报告之日起15日内书面提交意见。对于当事人的异议，法院可以要求鉴定机构解释、说明等，也可以要求鉴定机构指派鉴定人出庭作证。人民法院通知鉴定机构出庭作证的，鉴定机构无正当理由拒绝出庭时，鉴定意见不得作为认定事实的根据，当事人可以要求鉴定机构退还鉴定费。

笔迹鉴定申请书

案号：……

申请人：王某，男，汉族，1970年10月11日出生，身份证号：……，住……

申请事项：

1. 申请贵院指定鉴定机构对 2021 年 1 月 6 日借款还款协议前三页与第四页是否存在变造进行鉴定；

2. 申请贵院指定鉴定机构对 2021 年 1 月 6 日借款还款协议中"王某"的签字是否为本人书写进行鉴定。

事实和理由：

原告李某诉王某借款合同纠纷一案，贵院已经受理。原告和被告系同一公司高管，原告有掌握被告签字文件的便利。案涉 2021 年 1 月 6 日借款还款协议第 1 页、第 2 页、第 3 页与第 4 页签字页上打印字迹不是一次印制形成；王某也未签署过案涉借款还款协议。因此，案涉借款还款协议系原告变造形成，不具有真实性。

有鉴于此，申请贵院指定鉴定机构对 2021 年 1 月 6 日借款还款协议是否存在换页、打印字体是否一次印制形成进行鉴定，对 2021 年 1 月 6 日借款还款协议中"王某"的签字是否为本人书写进行鉴定。

此致

北京市朝阳区人民法院

申请人：

年　月　日

7. 民转刑之移送侦查

《最高人民法院关于在审理经济纠纷案件中涉及经济犯罪

嫌疑若干问题的规定》第十一条规定:"人民法院作为经济纠纷受理的案件,经审理认为不属于经济纠纷案件而有经济犯罪嫌疑的,应当裁定驳回起诉,将有关材料移送公安机关或检察机关。"

根据前述规定,人民法院可依职权将涉嫌经济犯罪的案件移送公安侦查或检察机关。作为被告的代理人,若案件移送对被告有利,代理律师应当极力申请移送或去公安机关报案取得立案回执后申请法院移送。法院作出驳回起诉的裁定后,当事人可在收到裁定书之日起十日内向上级法院上诉。但是当事人上诉不影响一审法院将案件移送公安侦查;换句话说,一审法院作出裁定后即可移送侦查不必等二审的审理结果。

(四) 一审案件的法庭对决

1. 审限

《民事诉讼法》第一百五十二条规定:"人民法院适用普通程序审理的案件,应当在立案之日起六个月内审结。有特殊情况需要延长的,经本院院长批准,可以延长六个月;还需要延长的,报请上级人民法院批准。"

民事案件原则上在六个月内审理完毕,随着人民法院诉源治理工作的推进,又多了一个月左右的调解期。这就意味着一审民事案件的代理周期为七个月左右。但实践中,北上广深等中大城市的法院案多人少,审限会更长。立案后,于律师和当事人来说,都需要漫长又耐心的等待。

2. 如何质证

对物证,可以从以下方面质证:①物证的真伪;②物证与本案的联系；③物证与其他证据的联系；④取得该物证的程序是否合法。

对书证，可以从以下方面质证：①书证是否为原件；②书证的真伪；③书证的合法性；④书证所要证明的事实；⑤书证与其他证据是否矛盾；⑥书证的来源。

对证人证言，可以从以下方面质证：①证人与双方当事人的关系，特别是与对方当事人有无关系，与本案有无利害关系；②证人证言的来源及合法性；③证人证言的内容及要证明的事实；④证人年龄、智力状况、行为能力等自然情况；⑤证人的证言前后是否矛盾；⑥证人证言与其他证据是否矛盾。

对视听资料，可以从以下方面质证：①取得和形成的时间、地点和周围的环境；②有无剪补；③收集的过程及其合法性；④所要证明的事实与案件的联系。

对电子数据，可以从以下方面质证：①核对原始载体。质证时从电子数据来源的合法性、流转的真实性、设备的运行状态和参数等判断电子数据的真实性，要求当事人出示电子数据的来源、形成时间、获取路径、必要的附属信息和关联痕迹等。②技术是否中立。审查电子数据时，一般通过其使用的时间戳、智能合约、哈希值、电子签名等技术是否具有安全性与可靠性，提供上述技术的平台是否有资质、是否系案件利害关系人，确保技术手段有效且中立。③电子数据内容是否完整。质证时，要看电子数据是否完整固定且能否独立或与其他证据共同证明待证事实。

对鉴定人和鉴定结论，可以从以下方面质证：①鉴定人的资格；②鉴定人与双方当事人的关系；③鉴定的依据和材料；④鉴定的设备和方法；⑤鉴定结论是否具有科学性。律师应对该鉴定结论发表看法，认为鉴定结论不能成立或者不完整的，可以申请重新鉴定或者补充鉴定。

3. 代理词的写作要点

代理词和答辩状明显不同，代理词写作的目的是回应争议焦点以及详略得当地呈现案件事实，代理词尽量不要重复起诉状和答辩状的内容。如果没有新内容，可以不写代理词，避免画蛇添足。像法官一样思考，是律师写代理词的基本要求。

代理词在内容上，要讲事实、重依据、少情感、慎升华。代理词的第一部分可以简洁地陈述一遍案件事实，重点阐释与争议焦点相关的事实，并标注证据依据。代理词的说理部分要有依据，可以是法律依据、法理、政策以及专家观点、裁判观点。法律是理性的分歧，代理词不要掺杂律师或当事人情感因素，也无须去升华主题或给法官扣帽子。

代理词在逻辑上，须观点明确、层次分明。代理词必须有清晰、明确的结论性观点。如果代理词通篇都在论述事实、证据，没有明确的结论，会白白浪费读者的时间。代理词在内容上，可以先主后次；在层次上，可以用大标题、小标题的方式呈现。代理词可以参考判决书"本院认为"部分的行文方式和风格。理想的代理词，应当具备判决书"本院认为"部分的说理方式。

代理词在形式上，要详略得当、格式合乎规范。代理词不是毕业论文，无须长篇大论，也无须凑字数。简洁是一种美德。

在引用法条时，只用表述为"根据《中华人民共和国民法典》第二百二十一条的规定"，具体的法条内容可以像判决书一样把法条附在代理词的尾页，既美观，又节约了正文的篇幅。代理词一般采用宋体、四号字，行距以 1.5 倍行距为宜，不要单字成行。代理词起草完毕后，可以在保证不改变文义的前提下精简语句及调整表述方式。言简意赅，又言之有物。

代理词的价值，一是给予当事人最有效的法律帮助，二是引起法官的价值共鸣。一份理想的代理词不仅能说服法官，而且可以让法官直接援用到裁判文书中。律师可以庭前准备好初步的代理意见，在法庭辩论环节参考发表主要观点，庭后在指定的期限内提交最终版代理词。代理词要言之有物，而且有让人想看、继续看的欲望。如果自己写完都懒得多看一眼，就不要指望法官能认真读了。

山河公司与黑龙公司、李某租赁合同纠纷一案
代 理 词

案号：……号

××区人民法院：

北京市××事务所受山河公司委托，指派刘××律师担任其代理人。现就山河公司诉黑龙公司、李某房屋租赁合同纠纷一案，发表代理意见如下：

一、关于消防问题的整改义务是否由山河公司承担的问题

（一）……

（二）……

二、关于餐饮部分存在消防问题是否导致租赁合同应当解除的问题

（一）……

（二）……

三、关于责令改正通知书是否导致租赁合同目的无法实现的问题

（一）……

（二）……

四、关于李某是否承担保证责任的问题

（一）……

（二）……

五、关于黑龙公司是否有损失以及损失承担的问题

（一）……

（二）……

综上所述，根据案涉租赁合同的约定以及黑龙公司的承诺书，消防问题的整改主体为黑龙公司；黑龙公司的超市部分经营不善、亏损严重，却以餐饮档口消防存在问题单方解除租赁合同，系违约方；黑龙公司单方解除作为主要用途的超市租赁合同，应当承担违约责任并赔偿给山河公司造成的损失；李某作为黑龙公司的保证人，应当承担连带保证责任。

山河公司代理人：

年　　月　　日

4. 对决法庭

谨记开庭制胜的三大法宝：准备、准备、再准备。

开庭前，律师须向委托人核对一遍诉讼请求、事实和理由有无变化或补充，核对答辩意见有无变化或补充、准备诉讼请求或答辩意见的主要法律依据，核对证据有无原件或原始载体以及当庭是否能出示等。对于当事人本人出庭的案件，须给当事人做好庭前辅导工作以及准备庭审提纲，并预判法庭上出现变故的应变方案。庭审过程中具体的注意事项，笔者按照庭审笔录的方式展开并提示标注如下：

(1) 庭前准备阶段

由书记员按照原告、原告代理人、被告、被告代理人、第三人、第三人代理人的顺序核对当事人和代理人身份信息以及代理人的代理权限。当事人和旁听人员均须携带本人身份证原件，律师则须携带律师证原件。

审判长：双方当事人对对方的出庭人员有无异议？

原告：无异议。

被告：无异议。

注：若代理人律师证未年检或代理违反法律规定，可当即提出异议及说明异议的理由。

审判长：经审查，双方当事人的委托代理人，手续合法、资格有效，准予参加诉讼。北京市××人民法院今天依据《民事诉讼法》普通程序的规定，公开审理原告××诉被告×××纠纷一案。本案由本院审判员××，即我本人担任审判长，会同人民陪审员××组成合议庭，本院书记员××担任法庭记录工作。

注：实践中，可能只有法官一人出庭，陪审员并未出庭。一般代理人为了庭审顺利进行，不对陪审员是否出庭提出过多的质疑。若陪审员存在应当回避的情形时，可以申请回避。

审判长：下面宣读法庭纪律并告知一下当事人的诉讼权利和义务……双方当事人对上述事项是否听清？

原告：听清楚了。

被告：听清楚了。

审判长：在案件审理过程中，当事人除享有上诉权利外，还有依法申请法庭组成人员回避的权利，即认为法庭组成人员是本案当事人或者当事人、诉讼代理人的近亲属；与本案有利害关系；与本案当事人有其他关系，可能影响对案件公正审理，当事人可以用口头或者书面方式申请回避。原告、被告对法庭组成人员是否申请回避。

原告：不申请。

被告：不申请。

注：若法庭组成人员存在回避情形，建议在开庭前书面申请回避。当庭申请回避时，可能导致庭审无法继续。当事人和诉讼代理人多跑一次法院。

（2）法庭调查阶段

审判长：下面开始法庭调查。首先由原告明确起诉的事实、理由及诉讼请求。

原告：诉讼请求1、2、3…事实和理由详见起诉状。

注：若法官需要原告宣读起诉状时，服从法庭指挥。

审判长：下面由被告陈述答辩意见。

被告：不同意原告的诉讼请求。简单总结下答辩意见1、2、3…具体理由详见书面的答辩状。

注：有的法官习惯在这个部分进行发问，有的法官习惯在举证完毕后发问。律师根据具体的庭审情形及时调整应对方案。

(3) 举证质证阶段

审判长：依照民事诉讼法的规定，当事人对自己提出的主张，有责任提交相应的证据予以证明。根据最高人民法院《关于民事诉讼证据的若干规定》第二条的规定，当事人对自己提出的诉讼请求所依据的事实或反驳对方诉讼请求所依据的事实有责任提供证据加以证明，没有证据或者证据不足以证明当事人事实主张的，由负有举证责任的当事人承担不利后果。双方都听清了吗？

原告：听清楚了。

被告：听清楚了。

审判长：下面由双方当事人出示证据，对方当事人进行质证。首先由原告出示证据，说明证据名称、证明内容，明确证明目的。

原告：证据1、2、3…

审判长：下面由被告就证据的真实性、合法性、关联性发表质证意见。

被告：简单说下质证意见1、2、3…详见书面的质证意见。

注1：可能法官会让一证一质，也可能会让原告出示完毕全部证据后统一由被告进行质证。若被告需要一证一质，可以向法官提出申请。建议在开庭前准备好书面的质证意见。

注2：若需要对证据的笔迹、公章等进行鉴定，一般在庭前申请，也可以在举证质证环节申请。

审判长：原告是否举证完毕？

原告：完毕。

审判长：对于被告发表的质证意见，原告有无补充意见？

原告：……

审判长：下面由被告出示证据，说明证明名称、证明内容，明确证明目的。

被告：证据1、2、3…

审判长：下面由原告进行质证。

原告：……详见书面的质证意见。

审判长：被告是否举证完毕？

被告：完毕。

审判长：对于原告所发表的质证意见，被告有无补充意见发表？

被告：……

审判长：下面，法庭就本案事实询问双方当事人一些问题……

审判长：双方当事人对事实有无补充？

原告：……

被告：……

审判长：庭审中，双方当事人围绕本案争议的事实，进行了充分的陈述，对对方出示的证据，进行了质证。双方当事人对本案争议的主张均已记录在案。法庭调查到此结束。

(4) 法庭辩论阶段

审判长：根据原告的诉讼请求、所依据的事实和理由、被告的抗辩主张和双方当事人的举证质证，合议庭归纳本案双方当事人争议的焦点问题为：1.…2.…

审判长：原告、被告对合议庭归纳的案件争议焦点有无异议、有无补充？

原告：没有异议，没有补充。

被告：没有异议，没有补充。

注：若有异议，可以直接提出。若合议庭遗漏争议焦点，也可以直接提出要求补充争议焦点。

审判长：下面开始法庭辩论，已经重复的观点可以不再重复。首先由原告发表辩论意见。

原告：1、2、3…庭后提交书面的代理词。

审判长：下面由被告发表辩论意见。

被告：1、2、3…庭后提交书面的代理词。

审判长：双方有无新的辩论意见？

原告：没有了。

被告：没有了。

审判长：法庭辩论结束，下面由当事人发表最后意见。

原告：坚持诉讼请求。

被告：坚持答辩意见。

(5) 法庭调解阶段

审判长：双方当事人是否同意调解？

原告：同意。

被告：不同意。

注：此时若无调解意愿，可以直接表明不同意调解。

审判长：由于一方不同意调解，法庭不再进行调解工作。庭后双方当事人可以进一步考虑调解方案，及时与合议庭沟通。合议庭将根据法庭调查的事实以及当事人发表的意见进行庭后合议，宣判时间另行通知。庭后请双方当事人查阅庭审笔录并签字。

审判长：现在休庭。

注1：庭审笔录中会留存当事人、代理人的联系方式、邮箱、地址等，务必核实准备无误。

注2：律师务必认真核对笔录，有错误要求书记员调整。尤其是涉及多名被告、第三人的复杂案件，调解笔录一定要慎重，确定调解方案不存在错误后再行签字。否则若因笔录记载意思与当事人、律师表达意见不一致给当事人造成损失的，可能需律师承担责任。

注3：庭审结束后，按照法庭指定的时间提交代理词或其他资料。

注4：律师收到一审判决后，及时联系委托人，并确定是否上诉。一定不要错过上诉期。

（五）代理二审案件实操指引

（1）上诉期限、二审的审理期限

《民事诉讼法》第一百七十一条规定："当事人不服地方人民法院第一审判决的，有权在判决书送达之日起十五日内向上一级人民法院提起上诉。当事人不服地方人民法院第一审裁定的,有权在裁定书送达之日起十日内向上一级人民法院提起上诉。"

《民事诉讼法》第一百八十三条规定:"人民法院审理对判决的上诉案件,应当在第二审立案之日起三个月内审结。有特殊情况需要延长的,由本院院长批准。人民法院审理对裁定的上诉案件,应当在第二审立案之日起三十日内作出终审裁定。"

根据《民事诉讼法》的前述规定,当事人不服一审判决的上诉期是十五日,不服一审裁定的上诉期是十日。一般自相关文书送达之日起计算。个别律师喜欢在上诉期限届满当日或前一两日快递上诉状,笔者认为这种卡时间上诉的做法存在一定风险,万一当事人无法及时签字或快递无法及时发出,可能导致错过上诉期。

(2) 上诉状的起草要点

拆一审判决的快递,心情就像刮彩票一样激动而忐忑。若所判非所愿,则须在法定时间内向一审法院提交上诉状。民事案件的上诉,一般以书面上诉为准。上诉状与起诉状有相同的地方,又有不同的地方。在起草上诉状之前,代理人应当认真研判一审判决书。

如何研判一审判决书,可以参考邹碧华法官所著的《要件审判九步法》。其主要内容:第一步固定权利请求;第二步确定权利请求基础规范;第三步确定抗辩权基础规范;第四步基础规范构成要件分析;第五步诉讼主张的检索;第六步争点整理;第七步要件事实证明;第八步事实认定;第九步要件归入并作出裁判。第一、二、三、四步为确定案件请求权、抗辩权及理清法律关系的大前提，第五、六、七、八步为查清、认定案件事实的小前提，第九步则是在法律规范与案件事实之间来回穿梭、渗透，最后得出了审判结果。代理人研究完判决书后，没有必要把一审判决存在的全部问题按照九步法罗列到上诉状中去。我们之所以研判一审判决，是为了全面掌握案件细节，做到知己知彼。但上诉状首先需要明确上诉请求，其次在上诉状中陈述一审判决存在的主要问题即可。

上诉状必须有明确的上诉请求。上诉请求不同于上诉目的。当事人上诉的目的可能是多种多样的，有的当事人上诉只是为了争取时间利益，有的当事人上诉是为了争取事实利益。无论出于何种目的的上诉，都需要有明确的上诉请求。上诉请求一般采取罗列的方式，比如"1. 撤销一审判决第一项，依法改判或驳回原告的该项诉讼请求……3. 依法判决被上诉人承担一审受理费、二审受理费"。

上诉状的起草要点之一是言简意赅、逻辑清晰、层次分明。起草上诉状和起草答辩状、代理词的共同之处就是内容要简洁，且言之有物。如果上诉状没有层次或逻辑不清，不仅会直接影响到代理人的专业性，也会影响到法官继续阅读的兴趣。最忌讳的是将上诉状以"拉家常"的方式展开。

上诉状中事实与理由部分可简化为"三步"，即程序问题、事实认定问题和法律适用问题。具体如下：

第一步，列明程序问题。审理程序存在瑕疵与一审审理"严重违反法定程序"是完全不同的概念。根据《民事诉讼法》

第一百七十七条第四款的规定，原判决遗漏当事人或者违法缺席判决等严重违反法定程序的，裁定撤销原判决，发回原审人民法院重审。发回重审的目的，应当限定于维护当事人诉讼辩论权利和审级利益。基于此，民事诉讼法以及相关司法解释对发回重审的程序问题做了相应限制。只有当存在的程序问题对于遗漏当事人或违法缺席判决有相当严重的影响时，才可以发回重审。若一审存在应当鉴定而未进行鉴定的情形，则在二审时申请鉴定即可。一审法院未组织鉴定，不是发回重审的法定理由。

第二步，厘清争议事实，尤其是指明基本事实认定不清或错误并提供依据。《民事诉讼法》规定的"基本事实"不是指与案件相关的全部事实，而是对权利的发生、变更或消灭的法律效果有直接影响的事实。若一审法院认定错误或不清的事实与权利的发生、变更或消灭没有直接影响，则不属于法律上的"基本事实"。基本事实认定不清和基本事实认定错误是两个完全不同的概念，二审法院的处理结果也不尽相同。根据《民事诉讼法》第一百七十七条的规定，二审法院对于原判决、裁定认定事实错误或者适用法律错误的，以判决、裁定方式依法改判、撤销或者变更；对于原判决认定基本事实不清的，裁定撤销原判决，发回原审人民法院重审，或者查清事实后改判。

第三步，指出法律适用错误，并指明法律依据。代理人在这一部分需要研究权利请求有无法律规范、抗辩有无法律规范、一审判决有无法律规范支持、一审判决适用的法律是否已经废止、一审判决适用现行有效的法律是否有相关的依据。

上诉状起草完毕并与当事人确认无误后，由当事人签字、按手印，按照法院要求的份数提交一审法院。一般来说上诉状需要按照"N+1"份提交原件，但实务中存在要求提交多份的情形。选择邮寄方式提交上诉状时，一定要及时联系一审法官是否收到上诉状，并及时缴纳上诉费；未按时缴纳上诉费的，按照撤回上诉处理。

民事上诉状

上诉人（一审被告）：山河公司，住所地为……，电话：……

法定代表人：刘某，职务：经理。

被上诉人（一审原告）：王某，男，1971年3月12日出生，汉族，无职业，住址……，身份证号：……，电话：……

上诉人与被上诉人之间民间借贷纠纷一案，上诉人于2023年11月10日收到一审判决书，上诉人不服（2023）京1224民初1301号民事判决第一项、第二项，依法提起上诉。

上诉请求：

1. 撤销（2023）京1224民初1301号民事判决第一项、第二项，发回重审或依法改判驳回被上诉人一审的全部诉讼请求；

2. 判令被上诉人承担一审、二审案件受理费。

事实和理由：

一、一审法院对本案没有管辖权、主审法官存在回避的情形而未回避、主审法官不同意追加黑龙公司为被告、第三人，导致本案一审的审理程序严重违法，一审判决依法应予撤销

（一）……

1.……

2.……

（二）……

1.……

2.……

二、一审法院关于案涉借款协议书的借款主体、协议书效力及款项用途等的基本事实认定错误

（一）……

1.……

2.……

（二）……

1.……

2.……

三、一审法院适用法律错误……

（一）……

1.……

2.……

（二）……

1.……

2.……

综上所述，一审法院审理程序违法，一审基本事实认定错误、一审判决法律适用错误，依法应予撤销一审判决第一项、第二项，发回重审或依法改判驳回被上诉人一审的全部诉讼

请求。

此致
北京市第一中级人民法院

上诉人：
法定代表人：
年　　月　　日

（3）二审答辩的要点

代理二审被上诉人的案件，代理人可根据案件的难易、复杂程度决定答辩思路以及准备答辩状。二审答辩的思路与一审案件中被告的答辩思路有相同的地方，也有明显不同之处。相同之处为均须对对方的请求作出回应、答辩状的写作要点基本相通。被上诉人因己方未上诉，视为认可一审判决结果。所以，二审答辩状的不同之处在于二审答辩状要紧紧围绕一审判决认定的事实、判决结果展开。

囿于二审改判率不高的现状，一审争议不大的案件，二审法院大概率会维持一审原判。代理人在熟悉判决书、上诉状后，可以简化答辩意见为"不同意上诉人的上诉请求。事实和理由为：一审判决认定事实清楚、适用法律正确，请求法院驳回上诉人的全部上诉请求"。具体书面的答辩理由可以简洁地分为三个部分，第一部分为肯定一审判决认定事实清楚、正确，具体事实与理由参考一审判决本院认为部分；第二部分可对上诉状中超出一审判决认定的事实及理由部分进行简单的回应，无须针对上诉人的每条意见进行回应；第三部分为一审判决法律适用正确，简述法律依据即可。

对于复杂案件以及争议比较大的案件，二审答辩不可掉以轻心。二审答辩的主要观点仍然为不同意上诉人的全部上诉请求，要求二审法院维持原判。二审答辩的事实和理由，应当以一审判决以及一审证据为依据。若二审有新的证据，在新证据对一审判决结果没有伤害或伤害较小的情况下，可以在答辩状中引用新证据。二审答辩的逻辑可针对上诉的事实理由逐条反驳并以一审判决的认定为主要依据。无论案件的难易程度如何，代理人尽量准备书面的答辩状。唯有如此，方能不负委托人之所托。

李小红与张三离婚后财产纠纷案
张三之二审答辩状

答辩人（一审被告、二审被上诉人）：张三，男，汉族，1948年6月12日生，住……

被上诉人与李小红（一审原告、二审上诉人）离婚后财产纠纷一案，被上诉人张三不同意李小红的全部上诉请求，一审法院认定事实清楚、适用法律正确，依法应驳回李小红的全部上诉请求、维持一审原判。具体答辩意见如下：

一、一审法院认定事实清楚

（一）……

1. ……

2. ……

（二）……

1.……

2.……

二、一审法院适用法律正确

（一）……

1.……

2.……

（二）……

1.……

2.……

综上所述，被上诉人认为一审法院认定事实清楚，适用法律正确。故此，上诉人的上诉理由不能成立，请求贵院驳回上诉人的全部上诉请求、维持一审原判。

此致
北京市第一中级人民法院

答辩人：
年　月　日

（4）二审增加诉讼请求或反诉

《最高人民法院关于适用〈中华人民共和国民诉讼法〉的解释》第三百二十六条规定："在第二审程序中，原审原告增加独立的诉讼请求或者原审被告提出反诉的，第二审人民法院可以根据当事人自愿的原则就新增加的诉讼请求或者反诉进行调解；调解不成的，告知当事人另行起诉。双方当事人同意由第二审人民法院一并审理的，第二审人民法院可以一并裁判。"

根据前述规定，二审中允许当事人增加诉讼请求或提出反诉，当事人对此享有程序选择权。当事人选择放弃审级利益并同意由二审法院一并审理的，则可由二审法院一并进行裁判。

（5）二审案件的举证

对于二审没有新证据的案件，无须重复举证出示一审已经提交过的证据。在举证环节，明确没有新证据提交即可。代理上诉人的案件，对于有新证据的案件，则须研判新证据是否能补强一审诉讼请求或上诉请求。代理被上诉人时，则须研判己方是否有新证据能够削弱上诉请求。在证据的提交形式上，应当有证据目录并准备好证据原件等。具体证据的准备参考一审"证据的呈现方式"部分，在此不再赘述。

（6）二审询问

《民事诉讼法》第一百七十六条规定："第二审人民法院对上诉案件应当开庭审理。经过阅卷、调查和询问当事人，对没有提出新的事实、证据或者理由，人民法院认为不需要开庭审理的，可以不开庭审理。"

根据前述规定，二审询问是民事案件"不开庭"审理的主要方式，其目的是通过谈话的方式了解案件争议焦点、固定相关事实，了解当事人的诉求，进行案件全面审理。囿于法院案多人少的客观情况，目前难以做到二审案件全部开庭审理。因此，实务中二审案件几乎都会先进行询问，二审询问也是目前各个二审法院的主要审理方式。经询问，发现没有新的事实、理由的，可以在经过询问后径行作出判决；存在新的事实、理由的，则由二审法院另行组织开庭。无论二审法院是否开庭审理，代理人都应当认真准备与案件相关的文书、证据等。

民事二审询问笔录

时间：2024年2月18日

地点：北京市第一中级人民法院

案由：离婚后财产纠纷

审判长：王××

法官助理：刘××

书记员：李××

上诉人：李小红

被上诉人：张三

审判员：上诉人李小红因与张三离婚后财产纠纷一案，不服北京市海淀区人民法院（2023）京××民初××号民事判决，向我院提出上诉。今天我受合议庭的委托通知双方当事人到庭就上诉争议的事实及一审查明的事实进行核实调查。下面向各方当事人介绍本案的合议庭成员，本案的审判长是王××，另外两名陪审员是……法官助理是刘××也就是我本人，书记员是李××。如果没有特殊情况，本案不再另行开庭审理，由合议庭评议后作出裁决。如果当事人认为本案合议庭组成人员以及法官助理和书记员与本案有利害关系可以申请回避，当事人听清了吗？是否申请回避？

上诉人：听清了，不申请回避。

被上诉人：听清了，不申请回避。

审判员：告知当事人所享有的诉讼权利以及应遵守的法庭纪律……

上诉人：听清楚了。

被上诉人：听清楚了。

审判员：根据最高院的要求，裁判文书都会在中国裁判文书网上公开，双方都听清楚了吗？

上诉人：听清楚了。

被上诉人：听清楚了。

审判员：下面开始法庭调查，上诉人简述上诉请求和理由。

上诉人：……

审判员：被上诉人收到上诉状了吗？针对上诉人的上诉请求和理由进行简要答辩。

被上诉人：……（提交书面的答辩状）。

审判员：双方对于一审判决书"经审理查明"部分有异议吗？

上诉人：有……

注1：若上诉人对一审查明部分没有异议，而对一审判决说理部分有异议，此时可回答没有异议。

注2：若上诉人对一审判决"经审理查明"部分有异议，应当明确指出第几页第几行有异议，以及向法庭说明异议的理由和证据。

被上诉人：没有异议。

审判员：双方有新证据提交吗？

上诉人：没有。

被上诉人：没有。

注1：当事人若有新证据提交，应当在开庭前提交法院并在本阶段出示。

注2：若存在应当鉴定、勘验，而一审法院未组织鉴定、勘验的情形，本阶段应当向法院申请鉴定、勘验。

审判员：双方当事人对于法律适用问题还有要补充的吗？

上诉人：……

被上诉人：……

审判员：双方当事人可以在法庭主持下进行调解吗？

上诉人：同意调解。

被上诉人：同意调解。

审判员：双方同意调解，法庭再做调解工作。双方最后还有什么要补充的吗？

上诉人：没有。

被上诉人：没有。

审判员：今天就谈到这，我们回去会把今天谈话的内容向合议庭成员汇报。如果没有问题，合议庭评议后作出判决。如果合议庭认为有必要，再通知开庭时间。各方阅笔录签字。

（六）民事再审案件实操指引

1. 当事人申请再审的期限

根据《民事诉讼法》的相关规定，再审的开启可以由各级人民法院审委会决定、最高院指定、检察院监督以及当事人申请。本书主要以当事人申请再审为视角展开。

《民事诉讼法》第二百一十六条规定："当事人申请再审，应当在判决、裁定发生法律效力后六个月内提出；有本法第二百一十一条第一项、第三项、第十二项、第十三项规定情形的，自知道或者应当知道之日起六个月内提出。"基于此，当事人申请再审原则上在判决、裁定发生法律效力后六个月内提出，超出该期限提交再审申请的，人民法院原则上不予受理。

2. 再审审查阶段

（1）再审应当提交的材料

申请再审需要向作出终审判决法院的上级法院提交以下材料：①再审申请书，并按照被申请人和原审其他当事人的人数提交副本；②再审申请人是自然人的，应提交身份证明；再审申请人是法人的，应当提交企业营业执照复印件、法定代表人身份证明；委托代理人的，应当提交授权委托书、律所所函、律师证复印件；③原审判决书、裁定书原件及复印件；④再审的主要证据；⑤受理法院有特殊要求的按照相关要求准备相关材料。

再审申请书

申请人（原审被告、二审上诉人）：李小红，女，1980 年 7 月 13 日出生，汉族，山河公司员工，住……，身份证号……，电话：……

被申请人（原审原告、二审被上诉人）：张三，男，1988 年

6月24日出生,汉族,住……,身份证号:……,电话:……。

申请人因与被申请人执行异议之诉纠纷一案,不服北京市顺义区人民法院(2022)京××××民初×××××号民事判决书和北京市第三中级人民法院(2023)京××民终×号民事判决书,认为原审判决认定事实错误、适用法律错误,现依据《中华人民共和国民事诉讼法》第二百二十一条第二款、第六款的规定,申请再审。

再审请求:

1. 撤销北京市顺义区人民法院(2022)京××××民初×××××号民事判决书和北京市第三中级人民法院(2023)京××民终×号民事判决;

2. 判令张三返还申请人被执行款人民币290万元;

3. 本案全部诉讼费用由张三承担。

事实与理由:

一、……

(一)……

(二)……

二、……

(一)……

(二)……

原审判决认定的事实缺乏证据支持、适用法律错误,将张三与被申请人的个人债务认定为申请人、张三的夫妻共同债务,严重损害了申请人的合法利益。为此,申请人依据《中华人民共和国民事诉讼法》第二百二十一条第二款、第六款的规定,向贵院申请再审。

此致

北京市高级人民法院

申请人：

年　　月　　日

（2）申请阅卷

代理再审案件时，若原一审、二审不是己方代理的，及时向受理法院申请调取原审卷宗材料。调取卷宗后，及时阅卷并完善代理思路、代理意见以及补充再审申请的事实和理由。

（3）谈话及听证

再审审查阶段，受理法院一般会组织谈话或听证。若案件复杂，合议庭可能组织多次谈话、听证活动。基于再审谈话、听证直接决定着能否开启再审，代理人应当像准备一审、二审一样准备再审谈话、听证。

（4）再审审查的结果

再审审查合议庭经谈话、听证后，根据案件事实和证据形成再审审查的结果。再审审查结果一般有五类，即裁定驳回再审申请、裁定再审、裁定准予撤回再审申请、裁定按撤回再审申请处理、裁定终结审查程序。其中，裁定再审又分为四种情况即裁定提审、裁定指令再审、裁定指定再审、裁定本院提审。

3. 再审阶段

（1）庭前准备

正式开庭前，法院一般会组织当事人进行证据交换。再审交换的证据应当是新证据，对于原审审理过程中当事人提交并质证过的证据无须进行证据交换。对于不需要进行证据交换的案件，法院会在开庭三日前送达开庭传票。代理人在庭前准备阶段需要全面阅卷，准备书面的证据目录、质证意见以及代理词。

（2）开庭审理

再审庭审一般围绕当事人的再审请求及理由进行。当事人申请再审的案件，先由申请再审人陈述再审请求及理由，后由被申请人答辩及其他原审当事人发表意见。

法庭调查着重查明原审对案件事实的认定是否清楚，具体程序和一审案件的法庭调查程序大致相同，包括以下内容：①当事人陈述案件事实并发表意见；②法庭询问；③举证、质证；④法官总结争议焦点；⑤围绕争议焦点进行法庭辩论；⑥最后陈述；⑦法庭组织调解。

庭审结束后，会由合议庭进行评议并作出审理结果。再审案件一般会向当事人当面宣告判决，但以调解、发回重审、指令审理方式结案的除外。

民商事诉讼案件代理看似简单，实则纷繁复杂。青年律师在入行后需要培养持续学习的能力，并认真对待每一个案件。对委托人负责、对案件负责，也即对自己负责。我们出手的每一份法律文书、代理过的每一个案件都将成为自己的执业名片。

十一、商事仲裁案件代理全流程指引

（一）接案审查与仲裁立案

1. 接案审查

商事仲裁案件是指当事人明确约定将纠纷提交至具体的仲裁委员会进行仲裁的案件。商事仲裁案件的代理与普通民商事案件的代理工作大同小异。

商事仲裁案件能否立案的依据为当事人是否有明确的仲裁条款约定。若当事人没有约定仲裁机构或仲裁机构约定不明，则无法在仲裁机构立案。比如"因本合同引起的或与本合同有关的任何争议，均提请北京仲裁委员会按照其现行有效仲裁规则进行仲裁。仲裁裁决是终局的，对双方均有约束力"。律师进行接案审查时，应当注意仲裁条款的效力、仲裁条款是否违反法定管辖。

2. 起草仲裁申请书

仲裁申请书的起草要点与一般民事起诉状的起草要点大致相同，区别在于须在仲裁申请书首页当事人信息下方明确仲裁依据。

仲裁申请书

申请人：张三，男，汉族，1986年9月12日出生，身份证号：……

住所：……

电话：15010106098。

委托代理人：刘×，××律师事务所律师。

地址：……

电话：……　　　　电子邮箱：……

被申请人：李四，男，汉族，1995年6月15日出生，身份证号：……

住所：……

电话：……

仲裁依据：

2023年2月24日签订的房屋租赁合同第22条适用法律及争议解决22.2条约定：凡本合同引起的或与本合同有关的任何争议，双方应友好协商解决；协商解决不成的，任何一方应将争议提交北京仲裁委员会，按照申请仲裁时该会现行有效的仲裁规则进行仲裁。仲裁地点在北京。

仲裁请求：

1. 被申请人向申请人退还装修押金20万元；

2. 被申请人向申请人赔偿装修、厨房设备、水泵费及餐具损失共计20万元；

3. 被申请人承担申请人律师费3万元；

以上损失、费用暂计 43 万元。

4. 被申请人承担本案仲裁费。

事实与理由：

一、……

（一）……

（二）……

二、……

（一）……

（二）……

综上所述，被申请人单方解除租赁合同，已经构成根本违约，应当按照法律规定承担相应的违约责任及赔偿损失。故申请人为了维护自身的合法权益，特根据合同约定的仲裁条款向贵委申请仲裁，望贵委支持申请人的仲裁请求。

此致
北京仲裁委员会

申请人：

年　　月　　日

3. 准备证据

无论是代理仲裁申请人，还是代理被申请人，证据的准备要求与普通民商事诉讼案件的要求一样。证据审查时，着重核对有无原件、原始载体。提交证据时应当有证据目录，标明证据名称、证据来源、证明目的及页码。证据提交要规范，按照被申请人人数+1 份准备证据副本。其他要求参见前节相关内容，在此不再赘述。

4. 立案与缴费

仲裁立案可以选择现场立案或网络立案。网络立案一般通过仲裁机构的官网进行，和人民法院诉讼在线服务平台基本一致。对于证据较多的复杂案件，建议选择到仲裁机构进行现场立案。现场立案时，携带的仲裁申请书、证据份数一般按照被申请人人数+1份提交，立案前尽量向相关仲裁机构核实具体的要求。

仲裁机构收案后，一般会在5天内送达受理通知及缴费通知，当事人在接到缴费通知之日起10日内缴纳仲裁费。

值得注意的是，仲裁机构正式受理案件后，会形成正式的案号。此后，无论是申请人还是被申请人向仲裁机构提交任何文件均须注明案号，否则仲裁机构可能退回。

（二）仲裁开庭

1. 开庭前的准备工作

（1）选择仲裁员

选择仲裁员是一个纯程序性工作，意义不大。根据仲裁规则，只有在申请人与被申请人同时选择同一位仲裁员时，该仲裁员才能担任该案的仲裁员。若当事人选择的仲裁员不是同一位时，则由仲裁机构进行指定。

（2）追加第三人或被申请人

根据仲裁规则，是否同意追加第三人须经对方同意并经仲裁庭许可。追加被申请人受到严格限制，若追加合同当事人为被申请人，仍须征求对方意见以及经仲裁庭许可；若追加案外人为仲裁案件的被申请人，若因缺乏仲裁合意，则仲裁庭不会准许。

（3）举证以及反请求

仲裁案件当事人应当根据仲裁庭的要求在举证期限内提交证据材料或提交仲裁反申请书。仲裁案件的答辩期限、举证期限一般为 20 日。仲裁反请求与民事案件的反诉基本一致，目的均为消灭本诉，且与本诉存在牵连关系。被申请人提交仲裁反申请书进行反请求的，由仲裁庭合议决定是否受理。具体提交证据、答辩状及反请求的期限，以各个仲裁委员会的仲裁规则为准。这就要求代理人在代理案件时，熟悉相关机构的仲裁规则，否则可能导致无法估量的后果。

2. 正式开庭

仲裁员一般由专家、学者、大学教授、律师等具备相关专业背景的人员担任。仲裁案件的庭审比法院的庭审融洽，仲裁员一般处于居中裁判的位置，允许当事人充分发表自己的观点、意见。仲裁案件的庭审程序与普通民商事案件的庭审程序大同小异。

（2023）京仲案字第××××号仲裁案

庭审笔录

时　　间：2023 年 12 月 10 日上午

地　　点：北京仲裁委员会第二仲裁厅

申　请　人：张三

出庭人员：（详见出庭人员签到表）

被申请人：李四

出庭人员：（详见出庭人员签到表）

仲　裁　庭：独任仲裁员王二

办案秘书：米粒

（庭前仲裁庭已送达各方《仲裁员声明书》）

王二：核对各方当事人出庭人员身份（详见出庭人员签到表），各方对其他方主体资格及出庭人员身份是否有异议？

各方：均无异议。

王二：现在开庭合并审理（2023）京仲案字第×××××号仲裁案、×××××号仲裁案申请人张三，被申请人李四，双方之间因房屋租赁合同引起本争议仲裁案。因×××××案双方未按期共同选定独任仲裁员，依据本会仲裁规则，本会主任指定王二先生担任本案独任仲裁员，组成仲裁庭，本案均适用简易仲裁程序审理，本案秘书工作均由米粒先生负责。各方对仲裁庭的组成是否有异议？是否申请回避？

各方：对仲裁庭的组成无异议，不申请回避。

王二：（宣布庭审纪律）各方对各自在庭审中的权利义务是否清楚了？

各方：清楚了。

王二：各方庭前是否收到了仲裁庭送达的《仲裁规则》、《仲裁员名册》、组庭通知、开庭通知等仲裁材料？

各方：都收到了。

王二：各方对本案仲裁协议效力及本会对本案的管辖权是否有异议？

各方：均无异议。

王二：各方对本案此前进行的仲裁程序及今天开庭时间安排是否有异议？

各方：均无异议。

王二：核对各方提交的材料，庭前申请人提交了《仲裁申请书》以及1份证据，当庭提交《变更仲裁请求申请书》以及7份证据，庭前被申请人提交了《答辩书》以及7份证据。各方是否收到了其他方的上述材料？

李四代理人：收到了。

张三代理人：收到了。

王二：请申请人陈述仲裁请求及所依据的事实与理由。

申请人：我方明确仲裁请求如下：……事实与理由同《仲裁申请书》。陈述完毕。

王二：请明确房租请求依据。

申请人：合同第6.1条约定……

王二：对于申请人当庭变更的仲裁请求，须在仲裁规则规定的时限内缴纳费用，逾期未补缴，视为仲裁请求未变更。

申请人：清楚了。

王二：被申请人认为案涉的房屋租赁合同不是与张三签的，而是与徐六签的。请申请人回应。

申请人：……

王二：刚才你方提及的徐六与张三签订协议，是你方当庭提交的证据 3 吗？

申请人：是的。

王二：关于双方提交的合同，被申请人的意见是你们双方在签约的时候，签的是一式三份，是吗？

被申请人：是的。

王二：这三份协议被申请人是不是都签字了？

被申请人：我方都签字了。

王二：申请人证据 1 房屋租赁合同第 2 页，即合同主文第 1 页有承租方李四，这是被申请人的签字吗？

被申请人：不是。

王二：合同第 11 页，即签字页，乙方李四，日期 2022 年 2 月 24 日，这个是李四的签字吗？

被申请人：李四本人记不清了，但是应该是其本人所签。

王二：针对申请人当庭变更的仲裁请求，被申请人是否同意当庭答辩？

被申请人：同意当庭答辩。

王二：请被申请人发表答辩意见。

被申请人：我方答辩意见同书面（宣读《答辩书》），补充答辩意见如下：……

王二：被申请人的答辩很重要的一个基础是合同相对性，合同主体的问题。仲裁庭向双方释明，张三和李四之间是否有合同，这是非常基础的问题，仲裁庭注意到本案双方分别提交的《房屋租赁合同》的内容都是一样的，是吗？

申请人：是的，内容一样。

被申请人：是的，只差一个转让，我们当时有上一家转给我们的东西，其他的内容都一样。

王二：上家转让的条款是在被申请人提交的合同里？

被申请人：是的。

王二：请明确条款。

被申请人：第 12 页，但是申请人提交的证据里故意把第 12 页抽除了，上来直接是租户手册。

王二：请申请人回应。

申请人：按被申请人所说的合同的第 12 页是李四与其上家签订的合同，这是当时在徐六跟李四签订合同时有这么一份，但是后来当张三跟李四签订的时候，是不存在的，而且合同的相对方，既不是张三，也不是徐六。

王二：被申请人提交的房屋租赁合同第 12 页，一共有三个附件，附件一是租赁房屋位置总平面图，附件二是租赁房屋位置平面图/立面图，附件三才是涉及上一租户王绍菊的租赁房屋的移交标准、移交确认函（格式）。按照申请人的说法，附件一、附件二也都是没有的，是吗？

申请人：我们有的就是刚才我说的三样东西，因为有些东西是跟上一家的，跟本案无关。

王二：按照申请人的说法是张三与李四签订的房屋租赁合同没有附件一和附件二，是吗？

申请人：是的。

王二：接下来进行举证质证，双方在质证对方证据时如需核对原件须当庭提出,否则视为原件与复印件一致,双方是否清楚?

申请人、被申请人:清楚了。

王二:请申请人举证,被申请人质证。

申请人:我方庭前提交了1份证据,当庭提交7份证据,共8份证据,证明目的同证据材料清单……举证完毕。

王二:对于申请人当庭提交的补充证据,被申请人是否同意当庭质证?

被申请人:同意当庭质证。对于证据1,真实性认可,但合法性、关联性、证明目的均不认可。对于证据2,真实性认可,但合法性、关联性、证明目的均不认可……质证完毕。

王二:请被申请人举证,申请人质证。

被申请人:我方庭前提交了7份证据,证据名称及证明目的同证据材料清单……举证完毕。

申请人:对于证据1,真实性认可,但证明目的不认可……质证完毕。

王二:本庭归纳争议焦点为1.…2.…请各方围绕争议焦点发表辩论意见。

李四代理人:坚持庭审意见,庭后提交书面代理意见。

张三代理人:坚持庭审意见,庭后提交书面代理意见。

王二:双方是否同意调解?

被申请人:差别过大,不同意调解。

王二:因一方不同意调解,仲裁庭不再组织双方进行调解,双方如有和解意向,请尽快积极促成并向仲裁庭反馈。

申请人、被申请人：同意。

王二：请双方发表最后陈述意见。

申请人：坚持我方变更后的仲裁请求及庭审意见。

被申请人：坚持我方答辩意见及庭审意见。

王二：庭后安排，双方是否有补充证据提交？

申请人：没有了。

被申请人：没有了。

王二：除非仲裁庭认为有必要，本案不再接受其他证据。被申请人如需提起鉴定申请、追加当事人申请，以及双方如有书面代理意见，均须在2023年12月18日之前提交。上述材料逾期提交的，仲裁庭有权拒绝接受。除非仲裁庭觉得必要，否则就本案仲裁庭不再开庭审理，并依据双方书面材料、庭审情况及庭后书面审理情况作出裁决。

申请人：同意仲裁庭的安排。

被申请人：同意仲裁庭的安排。

王二：双方对于今天庭审程序是否有异议？

申请人：无异议。

被申请人：无异议。

王二：今天庭审到此结束，请双方阅签笔录。

（三）仲裁裁决执行

法释〔2018〕5号《关于人民法院办理仲裁裁决执行案件若干问题的规定》第二条规定："当事人对仲裁机构作出的仲

裁裁决或者仲裁调解书申请执行的，由被执行人住所地或者被执行的财产所在地的中级人民法院管辖。符合下列条件的，经上级人民法院批准，中级人民法院可以参照《民事诉讼法》第三十八条的规定指定基层人民法院管辖：（一）执行标的额符合基层人民法院一审民商事案件级别管辖受理范围；（二）被执行人住所地或者被执行的财产所在地在被指定的基层人民法院辖区内……"

根据前述司法解释的规定，仲裁裁决的执行原则上向被执行人住所地或者被执行的财产所在地的中级人民法院申请。申请强制执行的要求，与普通民事案件的执行要求一致，即向法院立案庭提交申请人签字、按手印的强制执行申请书、裁决书原件及副本等材料。人民法院受理后，经审查符合立案条件的，则即立案强制执行。

(四) 申请撤裁

1. 申请撤裁的情形

《中华人民共和国仲裁法》（以下简称《仲裁法》）第五十八条规定："当事人提出证据证明裁决有下列情形之一的，可以向仲裁委员会所在地的中级人民法院申请撤销裁决：（一）没有仲裁协议的；（二）裁决的事项不属于仲裁协议的范围或者仲裁委员会无权仲裁的；（三）仲裁庭的组成或者仲裁的程序违反法定程序的；（四）裁决所根据的证据是伪造的；（五）对方当事人隐瞒了足以影响公正裁决的证据的；（六）仲裁员在仲裁该案时有索贿受贿，徇私舞弊，枉法裁决行为的。人民法院经组成合议庭审查核实裁决有前款规定情形之一的,应当裁定撤销。人民法院认定该裁决违背社会公共利益的,应当裁定撤销。"

根据前述规定,当事人可以申请撤裁的情形共有六种;撤裁的受理机构为仲裁委员会所在地的中级人民法院。申请撤裁一般是按件向受理法院缴纳诉讼费400元,案件受理费并不算太高。

2. 申请撤裁的时间

《仲裁法》第五十九条规定:"当事人申请撤销裁决的,应当自收到裁决书之日起六个月内提出。"否则人民法院不予受理。人民法院一般在受理撤销裁决申请之日起两个月内作出撤销裁决或者驳回申请的裁定。

3. 撤裁申请材料的提交

当事人申请撤裁时,应当向中级人民法院按照被申请人人数+1份提交撤裁申请书以及裁决书副本。若有新证据,一并提交法院。经审查,符合受理条件的,法院即受理;受理后组织合议庭并通知开庭。撤裁案件的庭审程序与普通民事案件二审程序类似。

撤销仲裁裁决申请书

申请人:张三,女,汉族,1980年8月20日出生,身份证号:……,住……,电话:……

被申请人：李四，男，汉族，1990年8月8日出生，身份证号：……，住……，电话：……

请求事项：

1. 判令依法撤销中国国际经济贸易仲裁委员会于2022年10月17日作出的〔2022〕中国贸仲京裁字第××××号裁决书；

2. 本案诉讼费用由被申请人承担。

事实和理由：

一、王二为案涉《股份转让协议书》的签约方，其和李四共同承担股权转让款的支付义务，张三在成立仲裁庭前申请追加王二为该案的被申请人，符合仲裁规则第十八条（一）的规定，仲裁庭不将王二追加为该案的被申请人，违反仲裁规则、本案仲裁的审理程序违法。

（一）……

（二）……

二、仲裁庭故意歪曲、掩盖事实、枉法裁决，〔2022〕中国贸仲京裁字第××××号裁决书依法应予撤销

（一）……

（二）……

综上所述，〔2022〕中国贸仲京裁字第××××号裁决书存在严重的程序违法、故意歪曲、掩盖事实、枉法裁决，符合《中华人民共和国仲裁法》第五十八条申请撤销仲裁裁决的规定。为维护申请人的合法权益，特向贵院提出申请，请求贵院裁定撤销该仲裁裁决。

此致

北京市第一中级人民法院

申请人：

年　　月　　日

4. 撤裁案件的处理结果

申请撤销仲裁裁决案件一般有三种裁判结果：其一，裁定驳回撤裁申请。当事人提出申请撤裁的主张不符合《仲裁法》《民事诉讼法》规定的，裁定驳回当事人的申请。其二，裁定终结撤销程序。当事人以证据伪造、隐瞒证据为由申请撤裁经人民法院审查属实，可以通知仲裁庭在一定期限内重新仲裁。仲裁庭如在人民法院指定期限内重新仲裁，人民法院应当裁定终结撤销程序；如未能开始重新仲裁的，人民法院应当裁定恢复撤销程序。其三，裁定撤销仲裁裁决。当事人申请撤销仲裁裁决的理由成立的，经遵循报核制度后可裁定撤销仲裁裁决。

十二、劳动仲裁案件代理全流程指引

（一）接案咨询

律师在接待劳动者或用人单位时，应当充分尊重当事人的意愿和想法，认真解答当事人的问题。法律是理性的分歧，律师不要激化劳动者和用人单位之间的矛盾，不要提供违法性意见。接待劳动者或用人单位时，应当从以下方面了解案件情况，并判断当事人的诉请是否有事实和法律依据，注意劳动争议的诉讼时效。

1. 劳动者的基本情况，比如劳动者的姓名、性别、年龄、职业、工作单位和住所，用人单位的名称、住所和法定代表人或者主要负责人的姓名、职务、联系电话等。

2. 用人单位的基本情况。包括但不限于企业性质、所处地域、规模、员工人数、所属行业等。

3. 劳动者或用人单位的诉求。相关诉求是否有事实和法律依据以及证据支持。

4. 判断用工性质。根据劳动者和用人单位之间是否有隶属关系，工作内容是否受用人单位指派、工作时间是否受用人单位约束等进行实质判断。

5. 劳动合同签订情况。用人单位是否和劳动者签署了书面劳动合同、签署了几次、签约时间等。

6. 薪酬福利制度及发放情况。了解用人单位的相关制度，判断是否存在拖欠劳动者工资报酬的情况以及未兑现相关福利的情形。

7. 工时制度及休息休假情况。很多劳动者在实践中处于弱势地位，不曾休过年假或未足额休年假，用人单位也未支付未休年假的工资。

8. 加班及加班工资的发放情况。在劳动争议案件中，根据"谁主张谁举证"的基本原则，当劳动者主张加班费时，应当对加班情况进行举证，否则很难得到仲裁庭的支持。

9. 社会保险缴纳情况。缴纳社会保险和住房公积金的请求可能不被受理，但劳动者有权选择向劳动监察部门投诉解决。

10. 劳动保护的有关情况。对于危险作业类职工，用人单位是否提供了相应的劳动保护措施。

11. 商业秘密保护及竞业限制的情况。对于普通的劳动者，一般不存在商业秘密或竞业限制。但对于高管或掌握一定技术资料、经营信息的劳动者，可能存在相应的限制。

12. 劳动合同解除、终止及经济补偿金、赔偿金的支付情况。解除劳动合同的理由，是判断用人单位是否存在违法解除劳动关系的标准。若用人单位违法解除劳动关系，则须向劳动者支付赔偿金。

13. 是否存在工伤及工伤发生、认定、伤残鉴定、赔偿等情况。

14. 仲裁时效是否已过。仲裁时效已过意味着实体权利不会得到仲裁庭的支持。无论是民事案件，还是刑事案件、劳动争议案件，律师都须考虑相关时效是否已过。

15. 其他与当事人诉求有关的情况。若当事人的诉求不属于劳动争议，则应告知当事人选择其他救济途径。比如劳动者持有公司公章、证照拒绝返还的问题，劳动人事争议仲裁委员会一般不会受理该类请求，而是明确告知当事人另行去法院诉讼解决。

（二）收案委托

律师接受当事人委托时，应当和承办其他案件一样，与委托人签署代理合同、授权委托书并收取当事人的主体资格证明（身份证复印件或营业执照复印件等）。劳动争议案件，原则上不允许进行风险代理（除请求给予社会保险待遇或者最低生活保障待遇，请求给付抚恤金、救济金、工伤赔偿，请求支付劳动报酬外的劳动争议案件，可以进行风险代理）。劳动者是弱势群体，多数人赚的都是辛苦钱，用人单位欠付的工资可能是救命钱。若允许风险代理，则可能损害劳动者的根本利益，导致其生活失去保障。禁止风险代理，保护的是社会一般人的利益。实务中，可能会遇到部分劳动者希望律师能通过风险代理的方式收取代理费，我们一定要耐心给劳动者解释相关规定并拒绝风险代理。若劳动者无力承担律师费，可以告知其寻求法律援助。

律师还应有维护社会稳定的责任感，对带有社会不稳定因素的群体性案件及有可能出现过激行为的当事人应加强法治教育和疏导工作，并通报有关部门，以便求得协助和指导。对代理群体性纠纷案件，应当按《中华全国律师协会关于律师办理群体性案件指导意见》的要求向司法行政部门报告备案。

（三）仲裁前的准备工作

1. 调查取证

律师代理劳动争议案件，通常需要对以下证据进行举证——取证范围：劳动合同、争议发生前十二个月经劳动者签收的工资单或银行流水明细、个税及社保缴纳记录、劳动手册及入职证明、解除或终止劳动合同通知书、辞职申请或辞职信、违纪处分通知书或处罚公告、退（辞）工单、人事档案转移证明、医院诊断证明、医院病假休息建议书、丧失劳动能力的鉴定书、工伤认定书及劳动能力鉴定材料、下岗或转岗通知、员工手册或劳动纪律、规章制度、考勤记录资料、涉及仲裁时效和诉讼时效中止与中断等事实、其他与案件相关的资料。

以上证据材料，原则上由当事人提供，并提交原件予以核对。律师核对原件无误后，将原件退还当事人，仅收取复印件。若当事人无法提供相关证据时，则可在立案后申请仲裁庭调取。若有证人需要出庭作证的，则须在开庭3日前告知仲裁庭。

2. 立案及材料准备

劳动争议案件的立案，首先应确定仲裁机构，一般应向劳动合同履行地或者用人单位所在地的劳动人事争议仲裁委员会申请劳动仲裁。申请劳动仲裁时，应当提交仲裁申请书和证据。每个仲裁委的仲裁申请书大同小异，仲裁申请书的起草逻辑与民事起诉状相同。仲裁申请书、授权委托书等文书，均应当由当事人签字或盖章。代理劳动争议案件，为节省时间并提高效率，建议一次性提交全部证据，避免证据突袭。

劳动争议仲裁申请书

申请人		被申请人		
姓名		单位名称		
性别		企业性质		
出生日期		境外合资方名称		
经常居住地		中方主管机关		
户口所在地		法定代表人	姓名	
户口性质			性别	
现工作单位			职务	
职业		住所地		
是否签合同		办公地或经营地		
证件类型				
身份证件号码		统一社会信用代码		
联系电话		联系电话		

请求事项：

1. ……

2. ……

事实和理由：

一、……

（一）……

（二）……

二、……

（一）……

（二）……

综上，为维护申请人的合法权益，但求裁如所请。

申请人：

年　　月　　日

注：

1. 申请书须用钢笔或签字笔填写，一式三份，其中两份交劳动争议仲裁委员会，一份申请人自存；

2. 申请内容填写不下时，可在申请书中间加页；

3. 填写的申请书须字迹清楚、文字简练规范；

4. 申请人是劳动者的，提交本申请书时，须同时提交本人身份证复印件一张（A4型纸）。

劳动争议案件一般都会指定具体的证据交换时间，代理人一定要按时提交全部证据。无法及时取得的证据，申请仲裁庭调取。劳动争议案件提交证据的形式与普通民事案件的证据目录基本一致，没有特殊要求。

申请人与被申请人劳动争议案件证据目录

序号	证据名称	证明目的	页码
1			
2			
3			
……			

提交人： 　　　年　　月　　日

（四）劳动仲裁开庭审理

劳动争议案件，一般自劳动争议仲裁委员会受理仲裁申请之日起四十五日内审理结束。案情复杂需要延期的，经劳动争议仲裁委员会主任批准，可以延期并书面通知当事人，但是延长期限不得超过十五日。逾期未作出仲裁裁决的，当事人可以就该劳动争议事项向人民法院提起诉讼。

代理劳动争议案件，应在开庭前做好充分准备，起草质证意见，研究庭审可能出现的辩论焦点，查找本案涉及的法律法规。代理被申请人时，还应提前准备好书面的答辩意见。作为被申请人，有权提出反申请。劳动争议案件的审理程序以及当事人的诉讼权利，与普通民事案件中诉讼参与人的权利、普通案件的审理步骤几乎一模一样，在此不再赘述。

（五）漫长的诉讼

根据《中华人民共和国劳动争议调解仲裁法》（以下简称

《劳动争议调解仲裁法》)第四十七条、第四十八条以及《最高人民法院关于审理劳动争议案件适用法律若干问题的解释（三）》第十三条的规定，下列劳动争议中，对用人单位实行终局裁决，裁决书自作出之日起发生法律效力：（一）追索劳动报酬、工伤医疗费、经济补偿或者赔偿金，其仲裁请求涉及数项，分项计算数额不超过当地月最低工资标准十二个月金额的争议；（二）因执行国家的劳动标准在工作时间、休息休假、社会保险等方面发生的争议。劳动者对上述仲裁裁决不服的，可以自收到仲裁裁决书之日起十五日内向人民法院提起诉讼。

根据前述规定，若劳动者的仲裁请求涉及数项，分项计算数额超过当地月最低工资标准十二个月金额时，用人单位可以自收到仲裁裁决书之日起十五日内向人民法院提起诉讼，这也就给用人单位争取时间、拖延履行裁决书的支付义务提供了法律依据。

《劳动争议调解仲裁法》第四十九条规定："用人单位有证据证明本法第四十七条规定的仲裁裁决有下列情形之一，可以自收到仲裁裁决书之日起三十日内向劳动争议仲裁委员会所在地的中级人民法院申请撤销裁决：（一）适用法律、法规确有错误的；（二）劳动争议仲裁委员会无管辖权的；（三）违反法定程序的；（四）裁决所根据的证据是伪造的；（五）对方当事人隐瞒了足以影响公正裁决的证据的；（六）仲裁员在仲裁该案时有索贿受贿、徇私舞弊、枉法裁决行为的。"

当事人对《劳动争议调解仲裁法》第四十七条规定以外的其他劳动争议案件的仲裁裁决不服的，可以自收到仲裁裁决书之日起十五日内向人民法院提起诉讼；期满不起诉的，裁决书发生法律效力。

办理劳动争议一审案件，应当重新编制证据清单，在规定的举证期限内提交证据。在仲裁阶段时未提交的证据，无论是否属于新证据，均可在一审阶段重新提交。

代理劳动者的一审案件，起诉状及诉讼请求与仲裁申请书的逻辑一致。代理用人单位的一审案件，除起诉状和普通民事案件的起诉状略有不同外（下附用人单位起诉状），其他审理程序和普通民事案件的审理程序一致，当事人的诉讼权利和义务也一致。

民事起诉状

原告：山河公司，住所地为北京市朝阳区……

法定代表人：李四，董事长。电话：……

被告：张三，男，汉族，1993年6月20日出生，无业，住北京市朝阳区……公民身份号码：……电话：……

案由：劳动争议纠纷。

诉讼请求：

1. 确认无须向被告支付2023年2月1日至2023年4月30日期间工资、基本生活费及法定节假日加班工资40000元；

2. 确认无须向被告支付2023年2月1日至2023年4月30日期间交通补贴500元；

3. 确认无须向被告支付2023年2月1日至2023年4月30

日期间餐费补贴 3000 元；

4. 确认无须向被告支付解除劳动关系经济补偿 30000 元；

事实和理由：

一、……

（一）……

（二）……

二、

（一）……

（二）……

综上，原告不服裁决书所裁第二至第五项内容，特向贵院依法提起诉讼，但求判如所请。

此致

北京市朝阳区人民法院

原　告：山河公司

法定代表人：李四

2023 年 12 月 1 日

一审判决后，代理人应认真研究、分析原审判决，并公正、客观地向委托人做好解释或说明工作，询问委托人是否上诉或申请撤裁，仔细了解委托人上诉或撤裁的目的，并如实告知上诉或撤裁存在的风险。

律师接受二审委托后应将上诉状交由委托人签章确认，并告知其二审诉讼风险及证据规则，认真准备二审开庭。二审判决生效后，注重与委托人沟通、解释工作，努力做好委托人的服判工作，以维护法律的尊严等。

本节以刘涛律师的话作为结尾最恰当不过了：自然人伪造简历求职，用人单位发现后以不诚信为由终止了招用，自然人要求用人单位赔偿，我们代理单位应诉。法院驳回了自然人的请求，这个结果完全在意料之中，但出乎意料的是法官在判决书最后的说理。我原以为法官也要站在道德的制高点上对自然人不诚信的行为给予谴责，但法官并没有，而是用近一页多的说理，劝导自然人坦然面对自己不完美但真实的履历，并鼓励他找到相匹配的工作。字里行间能够感受到这位善良的法官所给予的温暖。作为一名法律人，我在最初踏入法学殿堂时，也是怀着这份温柔去学习先哲那高尚的思想，但这些年繁忙的工作让自己变得很多时候只关注于法条的适用和证据的运用，似乎在变得冷漠而又傲慢。现在看到这份充满温度的判决书，才发现这种感动才是自己所一直追寻的目标。

十三、被青年律师轻视的强制执行案件

（一）申请强制执行

1. 执行立案

（1）申请强制执行的期间

根据《民事诉讼法》第二百五十条的规定，当事人"申请执行的期间为两年。申请执行时效的中止、中断，适用法律有关诉讼时效中止、中断的规定"。

一般来说，当事人可在判决生效之日起两年内申请强制执行。实务中，存在因为种种原因未向法院申请强制执行的情形。两年期限届满后，当事人向法院申请强制执行，法院会受理，但存在被执行人以执行期限届满为由提出执行异议抗辩的可能；若申请人有证据证明两年期限内向被申请人主张过权利、强制执行未超过法定期限，则法院会驳回被执行人的异议请求，继续强制执行。

（2）申请强制执行的材料

代理人执行立案需准备以下材料：①执行申请书（申请人本人签字、按手印）；②申请人本人银行账户信息一份；③申请人本人身份证复印件及公司营业执照复印件、法定代表人身

十三、被青年律师轻视的强制执行案件

份证明、法定代表人身份证复印件；④裁决书、判决书或调解书原件及复印件；⑤生效证明（有些法院需要主审法官网络点击生效确认即可/仲裁裁决书须提供送达回证）；⑥授权委托书；⑦律师事务所所函；⑧律师证复印件。建议第①和第④按照被申请人人数+1份准备，具体法院收取份数以实际为准。

在起草强制执行申请书时，可能涉及诉讼费是否需要申请强制执行。诉讼费负担依据判决书而论，若判决由被告负担金额则无须申请强制执行，而是申请人向原法官申请退还预交的诉讼费。之所以不申请强制执行，是因为被执行人可能无财产可供执行，若不向原法官申请退费则会加重申请人的损失。有的法院则是要求将诉讼费作为被申请事项之一，待被执行人无财产可供执行时，持法院的终本裁定申请诉讼费退费。

强制执行申请书

申请执行人（一审原告）：张三，女，1978年6月18日出生，汉族，住……，电话……

被申请执行人（一审被告）：山河公司，住所地北京市大兴区……，电话：……，法定代表人：李四，董事长

申请事项：①被申请人向申请人支付维修费用10万元；②加倍支付迟延履行期间的债务利息。

事实和理由：

申请执行人和被申请执行人之间物业服务合同纠纷一案，贵院于2022年10月27日作出的（2022）京0115民初××××号

民事判决书，判决被申请执行人支付维修费10万元。

现由于被申请执行人在判决生效后并未如期支付维修费，申请执行人请求人民法院对被申请人的财产采取强制执行措施，以维护申请执行人的合法权益。

此致

北京市大兴区人民法院

申请执行人：

年　　月　　日

（3）受理强制执行的机构

根据《民事诉讼法》第二百三十五条的规定："发生法律效力的民事判决、裁定，以及刑事判决、裁定中的财产部分，由第一审人民法院或者与第一审人民法院同级的被执行的财产所在地人民法院执行。法律规定由人民法院执行的其他法律文书，由被执行人住所地或者被执行的财产所在地人民法院执行。"

2. 寻找财产线索

强制执行依执行标的分为财产执行和行为执行。财产执行又分为金钱债权的执行和交付物的执行。在财产执行中，财产主要有两种类型，即有形财产和无形财产。其中，有形财产包括房屋、机动车、土地、林木、船舶、航空器等；无形财产包括土地使用权、宅基地使用权、知识产权、有价证券、存款、收入收益、退休金、公积金等。

执行财产线索来源主要有以下三种方式：其一是申请执行

人提供。其二是被执行人申报。其三是法院依职权调查。在强制执行案件中,不要指望被执行人主动申报财产线索。代理人应不遗余力地寻找财产线索。代理人可以尝试通过手机号寻找微信号、支付宝账户进而提供给法院,冻结被执行人的微信零钱或支付宝余额;代理人也可以在业务合作中寻找被执行人是否存在应收债权;代理人发现被执行人存在恶意处置财产或急于追偿的行为时,可以通过代位权诉讼或撤销权诉讼将其财产恢复到原来状态进而提供给执行法院。法院依职权调查的途径较多,但是实践中囿于案多人少的现实,执行法官分身乏术,往往在网络查控后发现被执行人无财产可供执行即终止执行程序了。法院依职权调查主要包括全国网络执行查控系统查询、搜查、审计、公告悬赏、委托律师调查等。实践出真知。法律的成功应用,有时候并非依赖法律的本身。寻找财产线索,律师能做的还有很多。

3. 执行的结案方式

根据《最高人民法院关于执行案件立案、结案若干问题的意见》第十四条的规定,强制执行案件的结案方式包括:执行完毕、终结本次执行程序、终结执行、销案、不予执行、驳回申请。

所谓执行完毕是生效法律文书确定的执行内容,经被执行人自动履行、人民法院强制执行,申请标的已经全部执行到位,或者是当事人达成执行和解协议,且执行和解协议履行完毕等。终结本次执行程序是指对于确无财产可供执行或者财产暂时无法处置的这两类案件,执行法官依照法律规定,暂时终结案件执行程序的一种方式；终本执行后，不意味着免除了被执行人的义务，法院对被执行人采取的失信被执行人措施、限制高消费等仍然有效，申请人发现新的财产时可以随时申请恢复强制执行。终结执行是在民事诉讼中，已经开始的强制执行因发生某种法定的特殊情况，使执行程序无法或无须继续进行，从而结束执行程序。

（二）执行异议和复议

根据执行异议被驳回后的救济方式不同，执行异议分为执行行为异议和执行标的异议。

执行行为异议是基于利害关系人的程序性权利受到侵害而对法院的程序性执行行为提出异议。根据《最高人民法院关于人民法院办理执行异议和复议案件若干问题的规定》第五条："有下列情形之一的，当事人以外的公民、法人和其他组织，可以作为利害关系人提出执行行为异议：（一）认为人民法院的执行行为违法，妨碍其轮候查封、扣押、冻结的债权受偿的；（二）认为人民法院的拍卖措施违法，妨碍其参与公平竞价的；（三）认为人民法院的拍卖、变卖或者以物抵债措施违法，侵害其对执行标的的优先购买权的；（四）认为人民法院要求协助执行的事项超出其协助范围或者违反法律规定的；（五）认为其他合法权益受到人民法院违法执行行为侵害的。"第七条规定，当事人、利害关系人认为执行过程中或者执行保全、先予执行裁定过程中的下列行为违法提出异议的，人民法院应当依照《民事诉讼法》第二百二十五条规定进行审查：（一）查

十三、被青年律师轻视的强制执行案件

封、扣押、冻结、拍卖、变卖、以物抵债、暂缓执行、中止执行、终结执行等执行措施；（二）执行的期间、顺序等应当遵守的法定程序；（三）人民法院作出的侵害当事人、利害关系人合法权益的其他行为。"

法院对执行行为异议，存在四种处理方式：（一）异议不成立的，裁定驳回异议；（二）异议成立的，裁定撤销相关执行行为；（三）异议部分成立的，裁定变更相关执行行为；（四）异议成立或者部分成立，但执行行为无撤销、变更内容的，裁定异议成立或者相应部分异议成立。根据《民事诉讼法》第二百三十六条的规定，当事人、利害关系人对执行行为提出异议被驳回后，当事人、利害关系人可在裁定送达之日起十日内向上一级人民法院申请复议。

执行标的异议是案外人对执行标的物主张所有权或者其他足以排除强制执行，或足以阻却执行标的物转让、交付的实体性权益受到侵害的，且并非为了推翻原判决、裁定的，系执行标的异议。实务中，基于物权、债权、权利顺位等均可提起执行标的异议。根据《民事诉讼法》第二百三十八条的规定："执行过程中，案外人对执行标的提出书面异议的，人民法院应当自收到书面异议之日起十五日内审查，理由成立的，裁定中止对该标的的执行；理由不成立的，裁定驳回。案外人、当事人对裁定不服，认为原判决、裁定错误的，依照审判监督程序办理；与原判决、裁定无关的，可以自裁定送达之日起十五日内向人民法院提起诉讼。"

执行异议申请书

异议人（案外人）：山河公司，住所地……，电话：……

法定代表人：张三，职务：经理

申请执行人：黑龙公司，住所地……，电话：……

法定代表人：李四，职务：经理

被执行人：天地公司，住所地……，电话：……

法定代表人：王二，职务：经理

黑龙公司申请冻结山河公司持有的天地公司8%股权一案，山河公司于2023年2月21日收到〔2022〕冀02执恢××××号执行裁定书。但案外人山河公司对冻结的8%股权享有合法的所有权、享有足以排除强制执行的民事权益，案涉裁定缺乏事实和法律依据。

异议请求：

1. 终止执行〔2022〕冀02执恢××××号执行裁定书；

2. 不得执行山河公司在天地公司持有8%股权，并解除冻结措施。

事实和理由：

一、……

（一）……

（二）……

二、……

（一）……

（二）……

十三、被青年律师轻视的强制执行案件

此致

玉田县人民法院

异议人：

法定代表人：

年　月　日

（三）执行异议之诉

执行异议之诉，是案外人、当事人不服驳回执行标的异议的裁定而提起的诉讼。该诉讼程序开启、审理程序与普通民事案件的一审、二审程序相同。区别之处在于执行异议之诉的诉讼请求不同于普通民事案件的诉讼请求。代理人不应放弃任何一次为委托人争取合法利益的机会。有些案件执行异议不被支持，不代表执行异议之诉不被支持。

民事起诉状

原告（案外人）：山河公司，住所地……，电话：……

法定代表人：张三，职务：经理。

被告（申请执行人）：黑龙公司，住所地……，电话：……

法定代表人：李四，职务：经理

第三人（被执行人）：天地公司，住所地……，电话：……

法定代表人：王二，职务：经理

案由：案外人执行异议之诉

诉讼请求：

1. 不得执行原告在天地公司持有的8%的股权，并解除冻结措施；

2. 本案诉讼费由被告承担。

事实和理由：

一、……

（一）……

（二）……

二、……

（一）……

（二）……

综上所述，原告与第三人签订的股权转让协议，系双方当事人的真实意思表示，合法有效。原告已按约支付股权转让款，取得案涉股权的所有权，并完成了股权变更登记，对案涉股权享有足以对抗强制执行的实体权利。为维护原告的合法权益，特诉至贵院，望判如所请。

此致

玉田县人民法院

原告：

法定代表人：

年　　月　　日

十四、如何规避和防范律师执业风险

（一）律师执业风险的种类与识别

1. 投诉

（1）当事人投诉

入行后，经常听到同行说"当事人是律师最大的敌人"。没有无缘无故的爱，也没有无缘无故的投诉。当事人投诉己方律师的原因有很多，比如律师不尽职、虚假承诺、私自收费、未开发票、辱骂委托人等；也有律师因为言辞或行为不当被对方当事人投诉的情形。

（2）公检法投诉

律师在代理案件过程中，尤其在代理刑事案件中有可能被公检法投诉。司法机构投诉律师一般是因为律师执业不规范或违规信访。辩护人在会见犯罪嫌疑人过程中违反监所的管理规定，也可能会被监所投诉。代理刑事案件的风险多且不可控，这也是很多律师不愿意代理刑事案件的原因。代理民事案件过程中，同样存在着风险。比如代理人虚假陈述、教唆证人作伪证、代理人通过信访影响案件审判。

（3）同行投诉

同行投诉律师的情形较为少见。在实务中，一般因诋毁同行、不正当宣传、不正当竞争、低价恶意竞争等，可能会被同行投诉。

2. 民事诉讼法律风险

因律师不尽职或存在过错给当事人造成损失的，律师执业的律师事务所可能会被当事人起诉。尤其是非诉案件，因律师不尽职导致出具的法律意见书、尽职调查报告存在严重问题，律师事务所近年来被起诉的数量较多而且赔偿金额较高。这就给律师提出了更高的执业要求。

3. 行政处罚风险

律师在执业过程中违反《中华人民共和国律师法》《律师协会会员违规行为处分规则（试行）》《律师办理刑事案件规范》《律师执业行为规范》《律师办理民事案件规范》《律师和律所违法行为处罚办法》等任意规定时，可能会受到训诫、警告、通报批评、公开谴责等纪律处分；律师存在严重的违规行为时，会被所属司法局给予警告、罚款、没收违法所得、停止执业、吊销执业证等行政处罚。

4. 刑事法律风险

《刑法》第三百零六条规定："在刑事诉讼中，辩护人、诉讼代理人毁灭、伪造证据，帮助当事人毁灭、伪造证据，威胁、引诱证人违背事实改变证言或者作伪证的，处三年以下有期徒刑或者拘役；情节严重的，处三年以上七年以下有期徒刑。"

辩护人、诉讼代理人毁灭证据、伪造证据、妨害作证罪，是悬在辩护人、诉讼代理人头上的"达摩克利斯之剑"。

若辩护人、代理人在执业过程中以承诺请托找人为幌子骗取当事人财物的，涉嫌诈骗罪。辩护人、代理人为谋求案件结果，向司法工作人员行贿的，涉嫌行贿罪。辩护人违反相关规定，将刑事卷宗、案情告知家属或同案犯的，也可能招致刑事风险。

不触犯刑法，是所有商业行为的基本底线。律师若因故意犯罪被追究刑事责任，不仅面临牢狱之灾，而且会被吊销律师执业证。追究律师的刑事责任，无疑是对律师职业生涯的毁灭性打击。

（二）律师执业风险的防范

1. 代理刑事案件的风险防范

辩护人在会见犯罪嫌疑人时，应当严格遵守监所的规定和律师执业规范。会见前，可能犯罪嫌疑人的家属希望律师能传递一些物品、信函，辩护人应尽量避免给犯罪嫌疑人传递物品；辩护人征得监所值班民警同意后，可以向犯罪嫌疑人宣读或传递信函。管理比较规范的监所，会提醒辩护人将手机储存在储物柜，不允许带进监区；即便监所允许辩护人将通信设备带进监狱，也不能给犯罪嫌疑人使用以及录音录像。

在会见过程中，辩护人可以向犯罪嫌疑人解释所涉嫌罪名的构成要件、量刑范围，根据其所涉嫌的事实提出其有罪还是无罪，以及可能刑罚结果和其他结果的分析意见；但不得引导犯罪嫌疑人做虚假陈述、不得进行串供、作伪证等。会见结束后，辩护人不能将通过会见获取的案件信息告知犯罪嫌疑人的家属、同案犯、同案辩护人；辩护人也不能向家属传递经济线索比如银行卡、支付宝、微信的密码等。

律师参与刑事诉讼获取的案卷材料，不得向犯罪嫌疑人、被告人的亲友以及其他单位和个人提供，不得擅自向媒体或社会公众披露。辩护律师查阅、摘抄、复制的案卷材料属于国家秘密的，应当经过人民检察院、人民法院同意并遵守国家保密规定。律师不得违反规定，披露、散布案件重要信息和案卷材料，或者将其用于本案辩护、代理以外的其他用途。

辩护人不得帮助犯罪嫌疑人、被告人隐匿、毁灭、伪造证据或者串供，不得威胁、引诱证人作伪证以及进行其他干扰司法机关诉讼活动的行为。辩护人不能以请托为由承办案件，也不能指使、唆使委托人到司法机关疏通人情关系。

2. 代理民事案件的风险防范

代理民事案件的执业风险相比于刑事案件的风险要低得多，但是律师因代理民事案件被投诉的占比高于刑事案件。有的律师被投诉时觉得委屈，认为自己没有功劳也有苦劳。当事人不需要律师的苦劳，当事人比律师要苦。

勤勉尽责是律师代理案件的第一要务。律师代理案件过程中，要事事有沟通、件件有着落，及时与委托人沟通案件情况。承办案件过程中，避免承诺案件结果、及时签订代理合同，避免私下收费或向当事人索要财物等。

办理案件过程中，律师不替当事人签名；撤诉、和解、调

十四、如何规避和防范律师执业风险

解时，经当事人授权且同意；及时跟进案件进度，准时应诉开庭；在法定期限内及时办理诉讼保全或续封、及时立案起诉或上诉，避免给当事人造成不应有的损失。

3. 其他风险防范

律师在执业过程中应当避免虚假宣传、承诺免费代理案件；未经法院允许，不能擅自退庭或无故不参加庭审；不能利用网络炒作案件，更不能通过网络、自媒体等散播对国家、政府、司法机关不利的言辞。律师在转所执业未完成之前，不能以新律师名义承接案件，更不能私自租用办公室接待当事人。

律师执业过程中，还存在很多风险，这里不再一一列举。合规、合法代理案件，是律师规避执业风险的不二法宝。律师这个职业，是我们安身立命的事业。唯有合规、合法代理案件，我们的事业方能长青。

十五、青年律师应具备哪些能力

（一）专业能力

当事人总是期待能遇到一位专业的律师，而我们也期待自己成为一名专业的律师。律师的专业能力主要体现在两个方面：一方面是具备专业的知识，另一方面是丰富的实务经验。我们刚入行时，对于争议解决律师而言，很少有机会选择自己心仪的专业领域，师傅的专业领域、专业水平往往直接影响着青年律师的成长。多数青年律师的困境是不知道如何提高专业知识，甚至也无法积累太多实务经验。

主动学习专业知识。在学校读书的时候，我们习惯于从书本和课堂上获取知识。走出校门以后，大多数人渐渐地丢掉了这个习惯，总是期待别人能"教"自己。多数律师没有时间和精力去教新人。青年律师不要因为没人"教"而放弃这个职业，更不要自怨自艾。职场不相信眼泪，青年律师能做的就是自我激励、主动学习。

学习专业知识，不是盲目地学习，是系统地、有针对性地去学习。第一，阅读与自己办理案件相关或自己感兴趣的专业领域的书籍。与法律相关的书籍有很多，涉及理论方面、律师

十五、青年律师应具备哪些能力

实务方面。要有选择地去读好书、多读书。第二，阅读经典案例，从案例中学习辩护人、代理人、法官的智慧。那些优秀的裁判文书中，无论是代理人还是法官都不乏闪光的抗辩与说理。向案例学习，是青年律师成长最快的捷径之一。入行后，青年律师有一年左右的实习期，还有漫长的"助理期"，在这三到五年的时间里，如果能做到每天读完一份判决书，这种量变的积累最终会产生质变。有人会说，当助理每天都很忙，没有充分的时间去学习。但老话讲得好，时间就像海绵里的水，只要愿意挤，总会有的，不要为自己的懒惰找借口。第三，积极参与培训课程。现在有很多平台在推广律师业务培训，有的主讲老师确实讲得很好。平台为了获客，会推广一些免费课程。青年律师这时可以抽时间关注直播学习相关课程。但是不要把通过听课进行的学习作为自我提高的主要路径。听课，很多时候看起来热闹，但真正吸收和消化的知识有限。主动学习，而不是被动学习。把学习变成一种良好的习惯，并坚持下去。

积极参与各类案件，积累办案经验。我们在办案过程中获取的经验是最直接也是最深刻的，积极参与各类案件是青年律师快速成长的首选路径。我们不能挑案子，也不要挑案子，要认认真真代理好每一个案件。于我们而言，在代理案件的过程中积累了经验；于委托人而言，代理人的勤恳、认真、负责给他们留下了深刻的印象，代理人也陪伴着他们走过了人生的至暗时刻。我们的专业能力被委托人看见、被司法工作人员认可，这是对律师最大的肯定。办理案件除了能提高专业能力外，还有一个潜在"福利"就是一旦获得当事人的信任和认可，他们在今后生活中遇到纠纷时第一时间会推荐自己信任的律师，客户就是在这样的潜移默化中积累的，我们也就慢慢打开了市场。

虚心请教同行和专家。人是有局限性的，我们的知识和专业也是有局限性的，我们不可能对每个行业都十分精通和了解。当我们遇到疑难复杂问题无法解决时，可以向同行和相关领域的专家请教。向别人请教有两个明显的好处，既解决了疑惑，又拉近了距离。

储备专业领域以外的知识。刚入行的时候，可能每个青年人都梦想成为某一方面或特殊领域的专业律师，我至今都想。每个人的机缘是不同的，我误打误撞成为了一名"万金油"律师。随着执业年限的增加，不难发现客户的需求是多样的，很多时候他们需要的是具备综合素养的律师。发现客户的需求，并将其需求转化为提供法律服务的机会，是执业律师应该做的事情。

律师是否具备相关问题的解决能力，是客户选择律师的参考标准。基于此，储备专业领域以外的知识，方有机会承接不同的案件。代理案件的过程中，可以通过一次代理的机会去了解，甚至摸底某个行业的背景；在工作过程中，时常关注一些热门行业的资讯或自己感兴趣行业的重大事件；通过长时间的点滴学习，可以让青年律师储备大量专业领域以外的知识。即使今后无法用到这些知识，我们也丰富了自己。

（二）勤奋、靠谱

律师职业不是一个可以躺着就能赚钱的职业，律师跑着都不一定能挣钱。多数职业理想的实现，都离不开个人的勤奋，律师职业也是如此。"勤奋"可以提高专业能力，也可以弥补案源不足的劣势。在别人"躺平"的时候，我们拒绝"躺平"；在别人休息的时候，我们在学习。别人不接的小案件，我们接下来认真办理。别人回复客户问题、解决问题时推三阻四，我们高效地回复和解决……终有一日，我们的付出会有回报。严格地讲，勤奋不是一种能力，是一种态度或者工作状态。只有把律师当成自己终身为之奋斗的事业，我们才会心无怨念、不停地向前奔跑。勤奋不一定成功，但成功一定会照顾勤奋的人。

靠谱，是大家选择合作对象的一条重要参考标准。靠谱，通俗地讲就是"你办案，我放心"。无论是委托人还是合作律师，都会担心承办案件的律师是否有能力、有责任心地高质量完成交办的案件。基于此，"责任心"成为评价一个律师好坏的标准之一。急人之所急，把委托人的事当成自己的事来办，就是责任心的体现。这就要求我们在案件办理前要有准备，办理案件过程中事事有回复和沟通，让委托人、交办律师间接参与到案件过程中，让他们看得见我们的努力和付出。遇到困难和问题时，尽量给出解决方案，而不是甩手不干或甩锅给别人。

（三）沟通和表达能力

沟通和表达能力是律师须具备的基本能力。律师的工作内容之一就是与客户、法官等沟通和交换意见。如果不善于沟通和表达，不仅可能会影响到案件的办理效果，还可能影响律师的职业发展。但不善于沟通和表达，并不意味着不能从事律师职业。因为沟通的能力和表达的技巧可通过后天"学习"来提高。青年人不要放过任何一个让自己在公开场合讲话或汇报案件的机会，勇敢地让自己从幕后走向台前。语速过快的人，可以模仿新闻联播主持人的语速；开庭时，学习法官和经验丰富的律师的交流方式；在庭审过程中，根据法官的反馈以及书记员打字的速度随时调整自己的语速……通过后天不断地训练，假以时日一定可以提高自己沟通的能力、掌握表达的技巧。

（四）社交能力

互联网和交通的便利扩大了人类的社交半径，增加了人们交流的机会。人们不仅在生活中需要提高社交能力，工作中也需要提高社交能力。社交能力，是争议解决律师须具备的另一项基本能力。助理和执业律师做"事"，合伙人做"市"。青年人想要开拓业务市场，就需要具备一定的社交能力。沟通能力、表达技巧是社交能力的输出方式。社交的本质是成全自己的同时也成全别人。因此，让交往的对方感到舒服，是社交的第一原则。让对方感到舒服，就要遵守社交的基本礼仪（推荐百家讲坛《金正昆讲礼仪》）。与人交流时，可以通过细节聚焦法，继续或展开话题。与人对话时，明白对方说什么，及时表达认同并引导其情绪。沟通过程中，寻找共同点和共同话题，营造一个舒适的沟通环境。社交能力的改变和提高，对我们个人和职业发展是十分有益的。

（五）身心健康

在工作和生活中，难免会遇到不愉快的事情。青年律师要学会调整心态，保持心理健康。抑郁和烦躁时，及时放松心情和调整心态。当自己无法承受时，及时就医，不要回避。

除保证心理健康外，还要保证身体健康。每年都有一些同行因各种突发疾病远离我们，他们的逝去一次次提醒我们要关注自己的身体状况。我们常说，律师的工作，事实上是一个体力活。这不仅意味着需要付出很多体力，而且要求我们具有健康的体魄。无论工作多忙，都要抽出时间锻炼身体并按时体检。只有保证自己身心的健康，才是对自己负责，对家人负责。

（六）心存悲悯和善念

我们最初学习法律时，都有一颗悲天悯人的心。繁忙的事务和工作，让我们忘却了为什么而出发。我们在力所能及的时候，应肩负起这个职业应有的社会责任，为弱者发声、为苍生请命，心存悲悯和善念，努力去做一个有温度的法律人。

十六、律师的未来会怎样

（一）律师接案难，个案利润越来越低

随着社会的进步和发展，法律服务行业的竞争越来越激烈。我国的律师人数已经超过 70 万人，在法律服务市场没有扩大甚至萎缩的情况下，青年律师越来越难独立执业。近年来，不少律师没有太多新的增量业务，一直靠存量业务维持生存和发展。法律服务行业一般可分为三类市场，即疑难复杂项目的高端非标市场，一般型案件的常规综合业务市场，以及流量、批量项目的批量公共市场。这三类业务中，高端非标市场、批量公共市场都需要一定的门槛，青年律师短时间内难以进入。随着律师人数的不断增加，大量青年律师拥进常规业务市场，势必导致个人接案越来越难。

圈外人觉得律师是一个高收入职业，这是外界对律师职业的误会。很多人了解律师是通过律政剧，但律政剧中的精英律师，演员演的是"精英"，不是律师，律政剧没有反映律师的真实状况。青年律师独立执业的成本是相对比较高的，扣除显性成本和隐性成本后，到手的代理费恐怕寥寥无几。合伙人律师或专职律师需要承担全部社保费用并向律所缴纳一定管理费。

当青年人决定独立执业的时候，首先面临的就是社保费、管理费等大额支出。律所的经营方式不同，导致市场上没有统一的管理费收费标准，有的律所是每年向律师收取固定的费用，有的律所是按照一定比例扣除律师承接每个案件的代理费。有的律所会承担律师助理的工资等费用，但多数律所需要合伙人或专职律师自行承担助理的全部费用。除了这些显性成本，合伙人或专职律师还存在一些隐性成本。受市场竞争、费率公开透明、律师人数增多等因素的影响，客户的付费意愿越来越低，个案的收费也越来越低。综合以上各种因素，事多钱少是法律服务行业发展的必然趋势，律师承接案件的利润也会越来越低。

有人说，做律师不是为了赚钱，而是为了伸张正义。律师，尤其是刑辩律师，确实可以通过代理案件，为民请命、为苍生发声。高尚的职业理想激励着青年人不断前行并为法治事业贡献自己的力量。

（二）律师专业化，跨专业服务要求越来越高

有人只想做某一领域的业务，成为某一领域的专家律师，这无可厚非。于青年律师而言，市场在选择我们，而不是我们去选择市场。不少青年律师都是从常规业务做起，先成为"万金油"律师，后谋求专业化发展。大家不要带着有色眼镜看待"万金油"律师，"万金油"不代表不专业，也不影响律师的专业化。市场在不断地变化，非诉律师开始承办诉讼案件，大所的民商事律师开始承办刑事案件，刑事辩护律师也开始承接民商事案件。案源决定律师的执业方向，有稳定的案源，才有律

师的专业化。法律服务虽然是无形的，但可以产品化、标准化。做事有标准、做事有套路、工作标准化、思维标准化。当我们把业务做到极致时，其实就是专业化。

律师的专业化，不一定是律师自己定义和选择的，而是客户定义和决定的。正视自己的选择，然后通过代理大量案件积累经验，最终可以完成专业化的蜕变。

多数人在做选择的时候，都会考虑成本，选择律师也是如此。大公司可能会将法律顾问业务拆成专项进行招标，但不是所有雇主都有如此财力。如果花的是自己的钱，当事人大抵会考虑聘请一位"万金油"型律师，既能提供综合的法律服务，又节约了部分开支。除了成本，更多人看重和需要的是能够提供跨专业服务的律师。以中小企业为例，企业在经营过程中，可能会遇到劳动纠纷、合同纠纷、投资纠纷、股权纠纷、股东与配偶之间的婚姻纠纷、税务风险、企业的刑事法律风险，基于此类问题，雇主更倾向于选择能够提供跨专业服务的律师。除了提供法律服务外，还可以进行交易撮合，甚至提供融资服务的律师，更会受到雇主的青睐。

（三）AI技术赋能，律师的办公效率越来越高

法律服务市场正处于史无前例的巨变之中。在人工智能的冲击下，律师的工作方式可能急剧转变，提供法律服务的全新方式会出现，新的服务提供者将会进入市场，法院和律师的工作方式也必将改变，办公效率会越来越高。但这不等于说人工智能将会替代法律工作者，甚至替代更多职业。

十六、律师的未来会怎样

一个刑事案件要经过公安侦查、律师会见、检察院公诉、辩护人阅卷、法律检索、开庭、法庭辩论、法院宣判来完成。但上述环节是否是铁板一块无法分解？还是分解后有些步骤人工智能可以替代？一扇门合上，另一扇门就打开了。但我们常常盯着关上的门太久，心怀遗憾，根本没有看到向我们打开的那扇门。勇于接纳新事物，利用新技术赋能，方能提高自身的竞争力。

人工智能对法律服务行业的第一个冲击就是催生了法律数据公司。目前，国内的法律数据类公司有几百家，但大多都是在做交易撮合即帮助律师找案源、帮助客户找律师。法院和法律服务公司开发的在线系统已经可以帮助法院、检察院做裁判规律的预测；刑事量刑产品也能够预测简单刑事案件的刑期。这些信息处理技术一旦获得推广，法律服务市场必将改变。

非诉律师和诉讼律师是否会被取代？科学的数据运用不是堆砌各种法律规则，而是在弄清案件形成的原因、现状、法律的基础上，进行严谨的分析与论证，在逻辑上能够自圆其说，在经验上有实践参照，否则只是数据游戏而已。目前的大数据给出的结果可靠性太低，无法全面推广到实际应用中去。律师的存在是为了帮助社会满足对法律的需求。非诉律师的工作有一部分可以被人工智能替代，但是基于每个案件的特殊性，并不能通过数据和文件的堆砌就可以解决所有问题并成功实现公司上市。对诉讼律师来说，人工智能或在法律检索、案件结果预测等方面，可以提供更加便捷、精确的结果。但是目前还无法替代刑事会见、法庭辩论，与委托人的沟通交流与心理疏导等工作，这些工作均需要人工进行。如果人工智能的时代终将到来，我希望那一天可以晚一点，再晚一点。

（四）律师执业泛化，法律服务中介机构越来越多

在常规综合业务市场，专业是最不稀缺的，稀缺的是市场获客能力。在常规综合业务市场也就是低端市场，律师专业的优势并不明显。恰恰是法律咨询类公司的中介机构有比较成熟的获客方式，这无疑是律所和律师所欠缺的。法律服务中介机构的销售、运营优势比律师的服务优势强太多，大部分律师没有足够的资金能力去推广和宣传，结果就是市场案源被法律服务中介机构抢占。法律服务中介机构的主要业务是做交易撮合，这对做常规业务的律师冲击最大。

危机，对律师而言是机遇也是挑战。每一次危机，都是在打破旧有的利益链条后重新洗牌。法律服务中介机构的兴起，给法律人、青年律师提供了更广阔的就业平台。青年人不要提到法律服务中介机构就嗤之以鼻，市场上有很多机构做得很好。青年人获得法律职业资格证书后，不一定都去做律师，可以选择到法律服务中介机构工作。没有案源或案源少的律师，也可以到法律服务中介机构工作或与该类机构进行业务合作。执业泛化，终究是时代的选择，也是部分法律人的选择。我们能做的，就是做最好的自己，去迎接新时代的每一次变革。

附录：律师常用法律文书汇编

文件一

刑事案件委托代理及咨询合同

甲方（委托人）：　　　　　身份证号：
地址：_____。
乙方（受托人）：××律师事务所
地址：_____。

甲乙双方依据《中华人民共和国律师法》《中华人民共和国刑事诉讼法》等法律法规之规定，就甲方委托乙方指派律师担任犯罪嫌疑人辩护代理及法律咨询事宜，经充分协商签订本合同。

一、委托事项和辩护及代理律师

1. 乙方接受甲方的委托，指派_____律师担任_____案件犯罪嫌疑人_____的辩护人。

甲方同意，乙方可以指派其他律师或者助理完成其他辅助性工作。乙方指派的上述律师因故或案情需要不能履行职务时，乙方可以另行指派律师。

2. 甲方在签订本合同时，应向乙方指派的律师出具书面授权委托书及其他有关手续。

二、辩护及代理期限

乙方律师的辩护及代理期限自本合同签订之日起至_____阶段终结。

三、律师辩护职责

乙方律师为犯罪嫌疑人（被告人）提供如下辩护和相关代理服务：

1. 提供案件相关的法律咨询。

2. 依法会见犯罪嫌疑人（被告人）。

3. 代理申诉、控告、申请变更强制措施。

4. 依法进行调查，提交犯罪嫌疑人（被告人）无罪和罪轻的证据。

5. 提交证明犯罪嫌疑人（被告人）无罪及罪轻的材料和辩护意见。

6. 出庭辩护和代理。

四、律师履职要求

1. 乙方律师应根据《中华人民共和国刑事诉讼法》和《中华人民共和国律师法》等法律的规定，恪守律师执业规范及职业道德，谨慎勤勉履行辩护职责，根据事实和法律提出犯罪嫌疑人、被告人无罪、罪轻或者减轻、免除其刑事责任的材料和意见，提交有关代理事项的代理意见，维护犯罪嫌疑人、被告人、被代理人的诉讼权利和其他合法权益。

2. 非归责于乙方指派律师的原因，导致律师不能依法履行辩护和代理职责时，甲方不得以乙方所指派律师未能履行职责为由，解除本委托合同或者要求乙方退还已经收取的律师费用。

五、甲方权利与义务

1. 甲方有权要求乙方律师按本合同约定及法律、法规规定提供法律服务，有权获悉委托事务进展情况。

2. 甲方应如实向乙方律师陈述案情，独立承担故意捏造或隐瞒事实、进行虚假陈述的法律责任；向乙方律师提交的证据材料应真实、合法。

3. 甲方不得要求乙方律师做任何不合法的承诺和从事任何违反法律、法规以及其他违反律师执业规范、职业道德的行为。

4. 甲方理解乙方律师在执业过程中对接触到的受托案件案情、证据材料负有保密义务，不要求乙方律师提供仅限于律师知悉的案情和案卷复印资料。

5. 甲方应当按照本合同的约定，及时向乙方支付相关费用。

六、乙方权利与义务

1. 乙方有权要求甲方提供与受托事项有关的各种信息、材料，提供完成委托事项所必需的协助与方便。

2. 乙方有权按照本合同的约定向甲方收取律师费用及其他费用。

3. 乙方有权拒绝甲方提出的任何违反法律、法规及律师执业规范、职业道德的要求，甲方坚持要求其违法违规要求的，乙方有权随时终止履行本合同，所收律师费用不予退还。

4. 乙方独立行使辩护权，依据事实和法律为犯罪嫌疑人

（或被告人）做无罪或罪轻辩护，有权拒绝甲方要求其必须为犯罪嫌疑人（或被告人）做无罪或罪轻辩护，甲方坚持其要求的，乙方有权终止履行本合同，所收律师费用不予退还。

5. 乙方承诺不以与经办案件的法官、检察官、侦查人员或者其他上级领导相熟为理由作为承接甲方案件的前提。

6. 乙方对甲方提供的与案件有关的信息、材料等，仅用于完成受托事项。对在办案过程中获悉的甲方商业等秘密及隐私负有保密义务。

七、律师费用及支付方式

根据并参照《北京律师服务收费管理办法》及案件疑难、复杂程度和乙方律师的专业资历和知名度，甲方按下列约定向乙方支付律师费：

1. 甲方向乙方支付律师费用_____元，在本合同签订之日起3日内支付给乙方；逾期支付的，乙方可无责解除本合同。

乙方开户行：　　　　开户名称：　　　　账号：

2. 下列费用由甲方及委托人承担：

（1）相关行政、司法鉴定、公证及其他专业顾问人员收取的专业费用。

（2）乙方所指派律师需到乙方所在区、市（县）外出差所发生的差旅费用。

（3）每个阶段会见不超过____次，超过____次会见的，甲方按照每次____元在会见之日前向乙方支付会见费用。

（4）征得委托方同意的其他费用。

3. 本合同约定委托阶段内，相关办案机关就本案做出撤销案件、不予起诉决定的，其他不予继续追究刑事责任情形的，变更强制措施成功或甲方主动提出解除本合同拒绝乙方律师代理的，视为乙方辩护律师已完成本合同的全部委托事项，乙方已收取的律师费用不予退还。

八、违约责任

1. 甲方违反本合同第三条约定义务之一的，乙方有权单方面终止履行本合同，所收取的律师费用不予退还，由此造成一切损失及不利后果均由甲方自行承担。

2. 本合同约定委托期限内，甲方单方面解除本合同或者终止委托，乙方已收取律师费用不予退还。因甲方过错导致本委托合同无法履行的或者要求乙方辩护律师违法履行职责，乙方有权单方面解除本合同，已收取的律师费用不予退还。

3. 本合同约定的委托期限内，乙方非因法定（约定）事由单方面解除合同，乙方应退还已收取的委托费用。

4. 甲方无正当理由单方面解除合同的，乙方有权要求甲方支付未付的律师费用及其他办案费用。

九、特别约定

1. 乙方依照法律法规独立办理案件，独立承担责任，不受当事人的控制和左右，其独立法律人的身份应该受到尊重。

2. 每案按照本合同的约定进行会见，甲方不得强行要求乙方超标会见，并且在会见时不得要求律师传达违禁物和具有违禁内容的信函。

3. 本合同签署页甲方留存的地址为甲方或委托人合法有效的送达地址。

十、著作权归属

1. 乙方为履行本合同约定的义务所完成的作品，包括但不限于辩护词、取保候审申请书、代理词及其他书面文件，其著作权归属乙方。

2. 甲方使用乙方为履行本合同约定的义务所完成的作品，仅限于甲方委托乙方处理的案件，不得使用于其他目的。

3. 未经乙方书面同意，甲方不得擅自将乙方为履行本合同约定的义务所完成的作品，交付给第三人使用。

十一、争议解决

凡本合同或本合同的履行发生的争议，由乙方所在地＿＿＿＿＿人民法院管辖。

十二、其他

本合同壹式叁份，甲方执壹份，乙方执贰份，自双方签字或盖章之日起生效。

（以下无正文）

甲方： 乙方：

　　　　　　　　　　　　　　　授权代表：

　　年　　月　　日　　　　　　　年　　月　　日

文件二

民事委托代理及咨询合同

甲方（委托人）： 　　　　身份证号：

地址：_____。

乙方（受托人）：××律师事务所

地址：_____。

鉴于：

1. 甲方确定委托乙方担任代理人，处理与他人发生的经济纠纷以及或有发生的诉讼案件。

2. 乙方作为专业法律服务机构，同意担任甲方的代理人以提供其需要的法律服务。

3. 在签订本合同之前，乙方已经就受委托处理的经济纠纷的法律风险和可能发生的对甲方不利的后果，向甲方做出了充分的说明。甲方充分理解乙方作为代理人的诚实信用、严谨审慎和勤勉注意的责任。

4. 甲方与乙方就乙方担任甲方诉讼代理人为其提供法律服务的相关事宜，在北京市海淀区达成如下一致意见。

释义：

1. 除非另有说明，本合同所称的书面资料，包括书证、物证、视听资料、证人证言、鉴定结论、勘验笔录、现场笔录、专家说明或者其他一切足以对乙方的专业判断产生影响的书面文件和物品。

2. 除非另有说明，本合同所称的商业秘密，按照《中华人民共和国反不正当竞争法》第十条规定确定。

3. 除非另有说明,本合同所指的听证活动,是指行政听证活动或者司法听证活动。

4. 甲方指定＿＿＿＿＿＿为本合同项下业务的联系人。

乙方指定××律师为本合同项下业务的联系人,乙方有权根据案情需要指定律师助理或其他律师承办案件。

双方于本合同签订之同时,相互告知本方联系人的联系方式,联系人或联系方式若发生变更,发生变更的一方应及时通知另一方。

甲、乙双方经友好协商,就甲方委托乙方担任甲方代理人为甲方提供法律服务的相关事宜达成一致意见订立本合同并共同承诺遵守之:

一、诚信义务

1. 作为甲方的代理人,乙方应当遵循诚实信用原则,以勤勉的工作态度和严谨审慎的专业精神,为甲方提供法律服务。

2. 研究甲方陈述的事实和提供的书面资料,运用法律专业知识进行专业判断,是乙方的责任。

3. 乙方应当保守因履行本合同约定的义务而知悉的甲方的商业秘密,因特殊需要得到甲方书面授权之后,乙方有权于书面授权的范围内进行披露。

4. 乙方违反前述约定的义务,甲方有权解除本合同。

5. 甲方应当遵循诚实守信原则,按约全额支付代理费,甲方应诚实和全面地向乙方律师叙述案件事实,并向乙方提供一切足以影响乙方专业判断的书面资料,保证陈述的事实和提供的书面资料的完整性和真实性，并有义务共同完成必要的委托手续和诉讼文书及文件。

6. 甲方违反前述条款约定的义务，乙方有权暂停或立即解除合同，已经收取的代理费不予返还，依据本合同约定可以收取的律师费，乙方仍有权收取。

7. 本合同首部、尾部留存的地址和联系方式是双方合法有效的送达地址。

二、受托案件

1. 甲方委托乙方在甲方与＿＿＿＿＿＿＿＿＿＿中，作为甲方的代理人，参与＿＿＿＿＿＿＿＿＿＿诉讼活动（一审/二审/再审/强制执行）。

2. 本合同在履行过程中，甲方无论通过何种方式解决本代理合同项下纠纷包括但不限于撤诉、法庭调解达成一致、自行和解、法院裁定驳回起诉、法院判决驳回诉讼请求、甲方庭审缺席、一方当事人下落不明或死亡导致案件终止审理等，当视为乙方已完全履行本代理合同项下所有约定的工作。

3. 本合同签订后，甲方不得与其他机构或个人另行签订与本案有关的委托代理合同，如甲方在特殊情况下须委托其他机构或个人代理此案，须经得乙方同意，甲方委托其他方机构或个人代理本案均不影响乙方在本合同项下之权利与义务。

三、代理权限

自本合同生效之日起至＿＿＿＿＿＿（裁定书、一审判决书、二审判决书、第一次终本裁定书）生效之日止。

四、双方商定的代理费数额和缴纳方式及期限

1. 本合同所涉法律服务项目一审代理费为_____元，支付期限及方式为：合同签订当日，甲方向乙方支付全部代理费。

若本案发生二审，则自甲方确定继续委托时，向乙方支付二审代理费_____元。

乙方开户行：   账户名称：   账号：

甲方迟延支付代理费超过七日的，乙方有权辞去委托、终止代理并通知案件审判机关。

2. 在甲方委托乙方时，乙方律师服务费的报价是建立在委托人单方陈述的财产及债权债务的基本情况之上，但若委托后乙方发现甲方未对财产情况作如实告知，或诉讼中因其他原因增加诉讼标的，或调查后发现诉讼标的远大于甲方陈述的，由此会导致乙方律师工作量的增加，此时乙方有权向甲方追加律师费。

3. 乙方为完成本合同项下工作所发生的交通费、文印费、差旅费等费用由甲方承担。若乙方承办甲方委托事务需要到异地（包括北京市郊区）办案的，乙方指定律师及其助理的差旅费、住宿费均由甲方负担，由甲方为乙方购买高铁票、飞机票以及安排食宿等。若发生乙方垫付费用时，由甲方及时报销。

4. 若因诉讼过程中发生鉴定费、财产保全费、评估费等向其他机关缴纳的费用，由甲方承担。

五、承办律师

本合同项下代理律师的具体人选，根据案件需要，由乙方

指定。

六、著作权归属

1. 乙方为履行本合同约定的义务所完成的作品，包括但不限于起诉书、申请书、答辩状、代理词及其他书面文件，其著作权归属乙方。

2. 甲方使用乙方为履行本合同约定的义务所完成的作品，仅限于甲方委托乙方处理的案件，不得使用于其他目的。

3. 未经乙方书面同意，甲方不得擅自将乙方为履行本合同约定的义务所完成的作品，交付给第三人使用。

4. 前述所称第三人，包括但不限于甲方的亲属及社会公众。

七、争议解决

因本合同或本合同的履行发生的任何争议由_____区人民法院管辖。

八、其他

本合同共叁页捌条，经双方签字或盖章之日起生效，壹式叁份，甲方执壹份，乙方执贰份，具有同等法律效力。

（以下无正文）

甲方： 乙方：

　　　　　　　　　　　　授权代表：

年　月　日　　　　　　年　月　日

文件三

授 权 委 托 书

委托人：　　　　　　　身份证号：

受托人：　　　　　　　工作单位：××律师事务所

职　务：律师　　　　　联系电话：

受托人：　　　　　　　工作单位：××律师事务所

职　务：律师　　　　　联系电话：

现委托上列受委托人在_____与_____纠纷一案中，作为我方诉讼代理人。

代理人_____的代理权限为：特别授权代理。代为立案，代为撤诉，代为承认或变更诉讼请求，代为进行和解和调解，提起反诉或者上诉，代为申请财产保全，代为申请强制执行，代为申请执行异议、复议，代为执行异议之诉立案，代为参与法庭审理、申请回避、提出证据、进行辩论，代为调查取证、查档、阅卷、申诉，代领各种法律文书，代领案款等。

委托人：

年　月　日

文件四

授 权 委 托 书
（法人单位用）

委托单位：

法定代表人：　　　　　　职务：

受托人：姓名：　　　　　　工作单位：××律师事务所

　　　　职务：　　　　　　联系电话：

　　　　姓名：　　　　　　工作单位：××律师事务所

　　　　职务：　　　　　　联系电话：

现委托上列受委托人在_____诉_____
_____纠纷一案中，作为我方诉讼代理人。

代理人_____的代理权限为：特别授权代理。代为立案，代为撤诉，代为承认或变更诉讼请求，代为进行和解和调解，提起反诉或者上诉，代为申请财产保全，代为申请强制执行，代为申请执行异议、复议，代为执行异议之诉立案，代为参与法庭审理、申请回避、提出证据、进行辩论，代为调查取证、查档、阅卷、申诉，代领各种法律文书、代领案款等。

委托单位：

法定代表人（签字）：

年　　月　　日

文件五

法定代表人身份证明书

＿＿＿＿在我公司任＿＿＿＿，是我公司的法定代表人。特此证明。

年　月　日

文件六

律师事务所所函（诉讼）

_____人民法院：

你院受理的_____诉_____纠纷一案，现_____已委托本所_____律师为其诉讼代理人。

特此函告。

          ××律师事务所
          年　　月　　日

附：授权委托书一份

文件七

律 师 事 务 所 函
(劳动仲裁)

　　_____劳动人事争议仲裁委员会：
　　你院受理的_____与_____劳动争议纠纷一案，现已委托本所_____律师为其仲裁代理人。

　　特此函告。

××律师事务所
年　　月　　日

　　附：授权委托书一份

文件八

授权委托书

××仲裁委员会：

××因其与××公司建设工程施工合同纠纷仲裁一案（案件号：……），特委托××律师事务所××律师作为其在该案件中的代理人。

该代理人的代理权限为特别授权。代理权限范围包括但不限于：申请仲裁（反请求），申请仲裁管辖权异议，选定仲裁员，提交证据材料、出庭陈述、辩论，提交答辩意见、代理词，与对方和解，收取、递交有关法律文书等。

特此委托、授权。

委托人：××
身份证号：……

代理人：××　　××××律师事务所律师
地址：……
电话：……

　　　　　　　　　　　　委托人（签字）：
　　　　　　　　　　　　　　年　　月　　日

附件：委托人身份证复印件一份（签字）

文件九

律师事务所函（仲裁）

××仲裁委员会：

贵委受理的申请人_____与_____纠纷仲裁案，现在申请人_____已委托本所××律师为其仲裁代理人。

特此通告。

××律师事务所
年　月　日

附录：律师常用法律文书汇编

文件十

××律师事务所
当事人谈话及接案笔录

时间：_____年_____月_____日_____时_____分至_____时_____分

地点：_____

谈话人：_____律师　　记录人：_____

被谈话人姓名：_____性别：_____身份证号：_____

电子邮箱：_____　工作单位：_____

联系地址：_____

联系电话：_____

_____
_____
_____
_____
_____
_____

当事人签名：　　　　　　　　　　律师签名：
　　　年　　月　　日　　　　　　　　年　　月　　日

269

文件十一

委 托 书
(担任辩护人适用)

委托人_____根据《中华人民共和国刑事诉讼法》第三十三条、第三十四条及《中华人民共和国律师法》第二十八条之规定，委托_____律师事务所_____律师担任_____案犯罪嫌疑人（被告人）_____的辩护人。

本委托书有效期自即日起至_____止。

委托人（签名）：

年　　月　　日

附录：律师常用法律文书汇编

文件十二

律师事务所 函
（担任辩护人适用）

[　　]第　　号

_____：

根据《中华人民共和国刑事诉讼法》第三十三条、第三十四条、第二百九十三条及《中华人民共和国律师法》第二十八条之规定，本所接受_____的委托，指派_____律师担任_____案犯罪嫌疑人（被告人）_____的辩护人。

特此函告。

（律师事务所章）
年　　月　　日

附：
1. 委托书一份
2. 辩护人身份信息

姓　　名：_____　　执业证号：_____
电　　话：_____　　通信地址：_____
律所统一社会信用代码：_____

注：本函用于律师担任辩护人时，向公安机关、人民检察院、人民法院提交；刑事案件专用所函，一般均使用当地律协通用模板，无须单独制作。

文件十三

律师会见犯罪嫌疑人（被告人）专用介绍信

[　　　　]第　　号

＿＿＿＿＿＿＿＿：

根据《中华人民共和国刑事诉讼法》第三十四条、第三十九条，以及《中华人民共和国律师法》第三十三条之规定，现指派本所＿＿＿＿＿＿律师前往你处会见＿＿＿＿＿＿＿＿案在押犯罪嫌疑人（被告人）＿＿＿＿＿＿，请予以安排。

（律师事务所章）
年　　月　　日

附：

1. 律师执业证复印件一份、委托书一份
2. 辩护人信息

姓　名：＿＿＿＿＿＿＿　执业证号：＿＿＿＿＿＿＿＿＿＿＿＿＿＿

电　话：＿＿＿＿＿＿＿　身份证号：＿＿＿＿＿＿＿＿＿＿＿＿＿＿

通信地址：＿＿＿＿＿＿＿＿＿＿＿＿＿＿＿＿＿＿＿＿＿＿＿＿＿

注：本介绍信用于律师会见在押犯罪嫌疑人（被告人）时，向羁押处所提供。律师会见专用介绍信，一般均使用当地律协通用模板，无须单独制作。

后　记

　　人如草木，既有被动之处，又存在主动的发挥空间。种子自落地便决定了出身，而出身无法被改变，草木如此，人亦如此。但是只要正确地找到光的方向，开发出自己的潜能，在合适的季节里，我们终将开出自己的花朵。

　　1988年正月某日，哥哥在河南省方城县的一个小山村出生了。当日天寒地冻，没有任何异象发生，以至于大家都忘记了他的生日。1988年冬月，我出生了。我出生后的很长一段时间都住在县医院附近的垃圾站内，按照母亲的说法是为了躲避"仇家"。后来，我知道了那个"仇家"其实就是贫穷。

　　童年时光，穷且开心。在我10岁以前，家里的粮食多半时候是撑不到来年的，食物只好常年以高粱馒头、玉米面馒头为主。村里人多地少，但是好在村边还有条小河，吃不上大肉，但可以吃鱼。父亲经常去河里捕鱼，卖掉个头儿大一点的鱼贴补家用，小鱼便给我们煮了吃，这也直接导致了我长大后很长一段时间不太喜欢吃鱼。那时候比较开心的事是跟着父亲去供销社买雷管炸石头，炸完石头把碎石拉回村里盖房子。这个经历，让我对春节放鞭炮也失去了兴趣。父母在我们那里绝对是非常勤劳的人，他们总喜欢带着我和哥哥一起干农活，勤劳就这样长在了骨子里。

　　年少读书，穷且益坚。读书考大学，那时候是农村孩子唯一的出路。父母没有念过几年书，于是把全部希望都寄托在我们兄弟身上。1998年的夏天，天好像破了一个窟窿，下了很大很大的暴雨。为了不耽误学业，父亲带着我和哥哥一直顺着河流走，找到洪水最小的地方，把我和哥哥放在桶里送过河，到对岸的小学去读书。现在回想，下暴雨时这学是非上不可吗？也真是幸亏我们哥俩命大。精神鼓励会让未成年人产生强烈的自信，小学时因学习好经常被老师表扬，以至于让我觉得自己就是为了考上好大学而生的。念中学时，最发愁的是每年开学季交学费的事情，每学期大概是50元。有一次，家里没凑够学费，哥哥和我硬着头皮去了学校。但是因为差30元学费，要么我被赶回家要学费，要么就是哥哥被赶回家。考虑到要骑行十几公里，哥哥最终替我扛下了所有。初中三年，我和哥哥用瓷缸子打一份饭两个人吃，以至于我和哥哥长期处于营养不良的状态，但这不妨碍我们对求学的渴望。吃苦耐劳，这是班主任权国宇老师在成绩单上经常给我们写下的评语，倒也十分贴切。权老师说"成功会照顾勤奋的人"，这句话一直激励着我们前行。我和哥哥都不算成绩特别好的人，我们和别人的不同之处，便是坚如磐石的毅力和决心。高考报志愿时，中国政法大学是我的第一志愿，即使我知道根本不可能考上。2009年，在河南理工大学读大一时，出于对中国政法大学的向往，我早早便萌发了考研的想法，以至于大学四年都朝着这个目标在努力。囿于本科是非法学专业，学习法律只能靠自己，我便找到法学院

后 记

院长张付岭的办公室询问法学院的学生在哪里上课。张院长很惊讶，同时也很热心地给我打印了法学院的课程表，就这样我在法学院旁听了三年。在理工大，我还遇到了冯进峰老师和刘春德老师。两位老师特别鼓励自己的学生考研，并竭尽所能为学生提供便利，在此感谢两位老师在大学四年对我的鼓励和帮助。2013年，我们兄弟俩同时考研上岸，哥哥被西安交通大学录取，而我也顺利考入中国政法大学。欣喜之余，学费再一次像一座大山一样压过来。那年暑假，为了积攒学费，我去了上海的电子厂打工。但很不幸，我被分到了夜班，这也使得我经常熬夜熬到流鼻血。哥哥身体比我好，则去了叔叔的建筑工地搬砖。不抱怨，努力去改变，这是生活老早就教给我们的。在中国政法大学的三年，是我求学生涯中最快乐的三年。这三年，需要感谢很多同学、朋友的接济和帮助；没有他们，我可能还会吃更多的苦。读研期间，我常年在外兼职讲课，以至于从没有好好在律所实习过。等我毕业向律所求职时，处处碰壁，那时候我觉得在外兼职讲课是错误的决定。多年以后，当我再次以"老师"的身份在全国各地给同学们普法时，曾经讲课的经验让我游刃有余。原来，人生没有白走的路，每一步都算数。

职业选择，爱并执着。2016年，哥哥南下入职腾讯，而我则在北京入职律所，开始了自己的律师职业生涯。我一直记得《平民律师》扉页的那句话："做律师不是为了赚钱，而是为了伸张正义。"相比其他行业，律师这个行业更尊重个人能力与才华。律师这份职业，说起来比较光鲜，听起来收入也还不错，但做起来着实不易。尤其是助理律师时期，日复一日地干着打印、复印和扫描的工作，常年累月地攒发票和报销，同时还要拿着难以启齿的工资去买西服、领带和皮鞋，并且夜以继日地回复客户的邮件和提供免费的法律咨询。可能世界上没有第二种工作可以像律师这样不分时间、不分地点。在挤地铁的时候，可以随时微信答复；在夜深人静的时候，可以随时被要求处理各种文件；在周末休息的时候，可以随时抄起电脑工作；在没有网络信号的时候，我们甚至依然可以提供法律服务。律师工作虽然忙碌，但律师是不能叫苦的，因为委托人比我们苦多了。责任心，便是律师的又一项基本素养。我们需要为委托人着想。很多工作也许可以"摸鱼"混日子，但律师的工作丝毫不能含糊。因为每一个案件不是关乎委托人的财产，就是关乎委托人的生命和自由。我们一定要对委托人负责、对自己的职业负责。工作中可能会有抱怨，但不管抱怨什么，都要热爱自己的工作并在工作中找到乐趣。于律师而言，以什么态度去做永远比用什么方法去做要重要得多。两年的实习律师经历，让我学到了很多。其中最想分享给青年律师的经验，就是在助理律师时期，须主动积累专业知识和实务经验，而不是被动地等待一个个案件。

2018年元旦过后，我辞职换了一家律所，和过去很多事情说再见，特别是和过去的自己告别。辞职后这一年，工作还算平顺，独立面对了很多人和事情。感谢范伯松律师、秦峰律师、张净律师对我的指导和帮助，他们让我感受到师长对青年人的关爱、同事之间的关怀。这一年，在代理案件过程中，我学着跟法官沟通，学着与委托人沟通。同样，我也学会了拒绝，可

后 记

以坦然拒绝那些不合理的要求。在诉讼过程中，我也犯了些错误，走了些弯路，但所幸结果还算圆满。回头重新看律师这个职业选择，既然选择了就一路走下去。努力是我们应该做到的，不能浪费生命，要认真地活。

2019年7月，我正式入职北京市金洋律师事务所。感谢蒋月月律师的推荐，让我有幸认识了胡志仙、范怀俊、吕钦良、杨志等律师。胡律师是我的带教律师，但待我像兄弟。范律师、吕律师、杨律师，他们一直有着长者风范，哪怕是我工作上出了些许纰漏，也从不严词斥责，给助理以试错和改正的机会。

2021年，我在胡律师的鼓励下正式独立成为金洋律所的合伙人。2021年至今，我每年代理各类案件50余件，也积攒了些许经验。我在个人公众号法律答问停更之后，便开始酝酿写本书给大家分享执业经验，尤其是分享给那些没有人带和教的青年律师们。不敢说本书中的经验一定有用、书中的观点一定正确，但多少可作为青年律师执业时的一种参考。

本书是我有关青年律师业务进阶系列的第一部著作，是我作为执业律师五年时间从助理到合伙人，对执业过程中如何做业务的总结与归纳，期冀对青年律师的成长有所助益。本书在成书之际，感谢丁建中、宋韬、刘彪、黄亚平、孟京、刘苏仪、蒋月月、田源源、米泰、冷慧、李苏阳、邓漫银、薛慕童、吴雪、李洋硕、钟新良、常硕硕、鲁昊鋆、靳法扬、牛步青、李威、杜林昊等师友的鼓励与支持。特别感谢我爱人的理解与支持。一路走来，需要感谢的人还有很多，在此不再一一致谢。

本书的出版，得到了经济日报出版社的大力支持，在此表示感谢。

  本书是笔者在办理日常烦琐法律事务时挤时间进行写作的，加之笔者执业年限短和写作水平有限，难免存在不足和错误之处，真诚希望各位读者批评指正。

刘　帅
2024 年 5 月 5 日